Thomas von Aquin

Das Seiende als Seiendes

Kommentar zu Aristoteles' *Metaphysik.*

6. Buch

Deutsch - Lateinisch

AF551610

EDITIONES SCHOLASTICAE

Reihe

LECTIONES THOMISTICAE

Band 5

Herausgegeben von

Klaus Obenauer

Thomas von Aquin

Das Seiende als Seiendes

Kommentar zu Aristoteles‘ *Metaphysik.*
6. Buch
Deutsch – Lateinisch
Aus dem Lateinischen übersetzt
von Clemens Schlip

EDITIONES SCHOLASTICAE

Bibliographic information published by Deutsche Nationalbibliothek
The Deutsche Nationalbibliothek lists this publication in
the Deutsche Nationalbibliographie;
detailed bibliographic data is available in the Internet at http://dnb.ddb.de

©2016 editiones scholasticae
53819 Neunkirchen-Seelscheid
www.editiones-scholasticae.de

ISBN 978-3-86838-577-9
2016

No part of this book may be reproduced, stored in retrieval systems or transmitted in any form or by any means, electronic, mechanical, photocopying, microfilming, recording or otherwise without written permission from the Publisher, with the exception of any material supplied specifically for the purpose of being entered and executed on a computer system, for exclusive use of the purchaser of the work.

Printed on acid-free paper

Printed in Germany
by Strauss GmbH

Thomas von Aquin
Kommentar zu Aristoteles‘ *Metaphysik.*
6. Buch
Inhaltsverzeichnis

Sancti Thomae de Aquino
Sententia libri Metaphysicae
Liber 3

6. Buch
Das Seiende als Seiendes

1. Lektion
Die Methode zur Untersuchung des Seienden als Seienden

1. Nachdem der Philosoph im vierten Buch dieses Werks gezeigt hat, dass diese Wissenschaft über das Seiende und das Eine nachdenkt und über die Dinge, die sich aus dem Seienden als solchem ergeben, und dass alle diese Dinge in mehrfacher Weise ausgesagt werden, und im fünften Buch die Vielfältigkeit ihrer Bedeutungsmöglichkeiten unterschieden hat, beginnt er hier hinsichtlich des Seienden Festlegungen zu machen, und hinsichtlich der anderen Dinge, die sich aus dem Seienden ergeben. Dieser Teil wird aber in zwei unterteilt. Im ersten zeigt er, mit welcher Methode diese Wissenschaft ihre Festlegungen hinsichtlich des Seienden treffen soll. Im zweiten Teil beginnt er Festlegungen hinsichtlich des Seienden zu treffen, nämlich zu Beginn des siebenten Buches (dort wo es heißt: „Der Terminus Seiendes wird in vielfacher Weise verwendet"). Der erste Teil wird in zwei unterteilt. Im ersten zeigt er die Methode auf, mit der man das Seiende behandeln soll, und die dieser Wissenschaft aufgrund ihrer Verschiedenheit von den anderen Wissenschaften zukommt. Im zweiten Teil ent-

fernt er gewisse Bedeutungsmöglichkeiten von Seiendem aus dem Betrachtungsfeld dieser Wissenschaft, Bedeutungsmöglichkeiten, auf die man in dieser Wissenschaft nicht in erster Linie abzielt (dort, wo es heißt: „Aber weil das Seiende im einfachen Sinne“). Der erste Teil aber wird in zwei unterteilt. Im ersten Teil zeigt er, wie sich diese Wissenschaft von anderen Wissenschaften unterscheidet, und zwar dadurch, dass sie über die Prinzipien des Seienden nachdenkt, insofern es ein Seiendes ist. Als zweites, wie sich von anderen Wissenschaften dadurch unterscheidet, wie sie mit derartigen Prinzipien umgeht (dort, wo es heißt: „Aber weil die Physik“). Hinsichtlich des ersten Punktes tut er zwei Dinge.

2. Als erstes zeigt er, wie diese Wissenschaft mit den anderen im Nachdenken über die Prinzipien übereinkommt. Er sagt, dass, da das Seiende in einer derartigen Wissenschaft das Subjekt ist, wie im vierten Buche gezeigt worden ist, und jede beliebige Wissenschaft Prinzipien und Ursachen ihres Subjekts erforschen muss, die zum ihm insofern gehören als es derart beschaffen ist, man so auch in dieser Wissenschaft nach den Prinzipien und Ursachen des Seienden suchen muss, insofern sie Seiendes sind. So verhält es sich auch in den anderen Wissenschaften. Denn für Gesundheit und Genesung gibt es eine Ursache, die der Arzt erforscht. Und in ähnlicher Weise gibt es auch bei den mathematischen Objekten Prinzipien, Elemente und Ursachen, wie etwa der Figur

und der Zahl und anderer derartiger Dinge, die der Mathematiker erforscht. Und, um es universal zu betrachten: jede übersinnliche Wissenschaft muss sich mit Ursachen und Prinzipien beschäftigen, in dem Maße, wie sie am Intellekt partizipiert. Sei es, dass sie sich nur mit den intelligiblen Dingen beschäftigt wie die theologische Wissenschaft; sei es, dass sie sich mit den Dingen beschäftigt, die irgendwie mit dem Vorstellungsvermögen zusammenhängen, oder im Einzelnen mit den Sinnen wahrnehmbar sind, im Allgemeinen aber intelligibel sind, und auch mit den mit den Sinnen wahrnehmbaren Dingen, insofern sich mit diesen eine Wissenschaft beschäftigt, wie es in der Mathematik und in der Naturwissenschaft der Fall ist; sei es auch, dass sie von den allgemeinen Prinzipien zu den Partikulardingen vorschreiten, in denen es Aktivität gibt, wie in den praktischen Wissenschaften. Immer ist es notwendig so, dass eine solche Wissenschaft sich mit Ursachen und Prinzipien beschäftigt.

3. Diese Prinzipien haben freilich entweder für uns einen höheren Gewissheitsgrad, wie in den Naturwissenschaften, weil sie den sinnlich wahrnehmbaren Dingen näherstehen, oder sie sind einfacher und ihrer Natur nach früher, wie es in den mathematischen Wissenschaften der Fall ist. Erkenntnisse aber, die nur sensitiv sind, existieren nicht durch Prinzipien und Ursachen, sondern dadurch, dass das sinnlich wahrnehmbare Ding selbst dem Sinnenvermögen

entgegengehalten wird. Den Weg von den Ursachen zu der verursachten Sache oder umgekehrt zu vollziehen, ist nicht eine Sache des sinnlichen Wahrnehmungsvermögens, sondern nur des Verstandes. Oder er bezeichnet als Prinzipien mit einem höheren Gewissheitsgrad die, die besser bekannt und erforscht sind. Als einfache Prinzipien aber die, die man eher oberflächlich erforscht, wie es in den moralischen Wissenschaften der Fall ist, deren Prinzipien von den Dingen hergenommen werden, die in der Mehrzahl der Fälle zutreffen.

4. Hierauf (dort, wo es heißt: „Aber alle“) zeigt er die Verschiedenheit der anderen Wissenschaften von dieser im Hinblick auf das Nachdenken über Prinzipien und Ursachen auf. Er sagt, dass alle diese Partikularwissenschaften, die nun erwähnt worden sind, sich mit einer partikularen Gattung des Seienden beschäftigen, so wie zum Beispiel mit Zahl und Größe oder etwas anderem Derartigen. Und eine jede Wissenschaft handelt ausdrücklich von „ihrer subjizierten Gattung“, das heißt sie handelt so von dieser Gattung, dass sie nicht von einer anderen handelt. So wie zum Beispiel die Wissenschaft, die sich mit der Zahl beschäftigt, sich nicht mit der Größe befasst. Keine von ihnen trifft nämlich eine Festlegung „hinsichtlich des Seienden im einfachen Sinne“, das heißt hinsichtlich des Seienden im allgemeinen Sinne, und auch nicht mit irgendeinem partikularen Seienden insofern es ein Seiendes ist. So wie zum Beispiel die

Arithmetik hinsichtlich der Zahl keine Festlegung trifft insofern sie ein Seiendes ist, sondern nur insofern als sie eine Zahl ist. Über ein jedes beliebige Seiende nachzudenken insofern es ein Seiendes ist, ist ausschließlich Aufgabe des Metaphysikers.

5. Und weil es ein und demselben zukommt, über das Seiende nachzudenken insofern es ein Seiendes ist, und „über die Essenz", das heißt die Washeit einer Sache, weil ein jedes Ding sein Sein durch seine Washeit besitzt, deshalb „tun" auch die anderen Partikularwissenschaften „keine Erwähnung", das heißt sie machen keine Festlegung hinsichtlich „der Essenz", das heißt der Washeit einer Sache, und hinsichtlich der Definition, die sie selbst bezeichnet. Aber „von daher", das heißt von der Essenz selbst schreiten sie zu anderen Dingen vor, indem sie sie wie ein bewiesenes Prinzip behandeln, um andere Dinge zu beweisen.

6. Das, was die Essenz ihres Subjekts ist, machen die einen Wissenschaften durch die Sinneswahrnehmung offensichtlich. So wie zu Beispiel die Wissenschaft, die sich mit den Lebewesen beschäftigt, erfasst, was ein Lebewesen ist, durch das „was dem sinnlichen Wahrnehmungsvermögen erscheint", das heißt durch Sinneswahrnehmung und Bewegung, durch die man ein Lebewesen von einem nicht Nicht-Lebewesen unterscheidet. Die anderen Wissenschaften aber erfassen die Essenz ihres Subjekts mit Hilfe einer

Vorannahme, die sie von irgendeiner anderen Wissenschaft empfangen, so wie zum Beispiel die Geometrie das Verständnis, was eine Größe ist, vom ersten Philosophen empfängt. Und so beweisen die Wissenschaften auf der Basis der durch das sinnliche Wahrnehmungsvermögen oder durch Vorannahme bekannten Essenz die speziellen Eigenschaften, die der subjizierten Gattung von sich aus innewohnen, mit der sie sich beschäftigen. Denn eine Definition ist ein Beweismittel bei einem Beweis aus der Ursache heraus. Die Methode der Beweisführung aber ist verschieden: denn manche Wissenschaften führen ihre Beweise auf mehr zwangsläufige Weise, so wie zum Beispiel die mathematischen Wissenschaften, manche „aber führen einen schwächeren Beweis", das heißt keinen, der auf einer Zwangsläufigkeit beruht. So wie zum Beispiel die Naturwissenschaften, bei denen viele Beweisführungen auf Dingen beruhen, die nicht immer, sondern nur häufig vorhanden sind.

7. Eine andere Übersetzung spricht anstelle von „Vorannahme" von „Bedingung". Der Sinn ist der gleiche. Denn was man als Vorannahme hat, das nimmt man gleichsam aufgrund einer Bedingung an. Und weil die Definition das Prinzip des Beweises ist, wird aufgrund einer solchen Induktion deutlich, dass es „keine" Beweisführung „hinsichtlich der Substanz einer Sache gibt", das heißt mit ihrer Essenz; und auch nicht mit der Definition, die angibt, was die Sache ist. Aber es gibt eine gewisse andere Methode,

mit der man die Definitionen zeigen kann. Nämlich durch Teilung und durch andere Methoden, die im zweiten Buch der „Analytika Posteriora" angegeben werden.

8. Und so wie keine Partikularwissenschaft eine Festlegung hinsichtlich der Essenz trifft, so sagt auch keine von ihnen hinsichtlich der subjizierten Gattung, mit der sie es zu tun hat, dass sie ist oder dass sie nicht ist. Und das verhält sich aus vernünftigen Gründen so: denn es obliegt derselben Wissenschaft eine Festlegung hinsichtlich der Frage zu treffen, ob etwas existiert, und aufzuzeigen, was es ist. Man muss nämlich die Essenz als Mittel annehmen, um zu zeigen, ob etwas existiert. Und beides ist Stoff zum Nachdenken für den Philosophen, der über das Seiende nachdenkt, insofern es ein Seiendes ist. Und deshalb trifft jede Partikularwissenschaft hinsichtlich ihres Subjekts eine Vorannahme, dass es existiert und was es ist, wie im ersten Buche der „Analytika Posteriora" gesagt wird; und das ist ein Zeichen dafür, dass keine Partikularwissenschaft hinsichtlich des Seienden im einfachen Sinne eine Festlegung trifft, und auch nicht hinsichtlich irgendeines Seienden insofern es ein Seiendes ist.

9. Wenn er hierauf sagt „Weil aber" zeigt er die Verschiedenheit dieser Wissenschaft von den anderen auf, insofern es die Methode betrifft, über die Prinzipien des Seienden nachzudenken, insofern es ein

Seiendes ist. Und weil die Alten glaubten, die Naturwissenschaft sei die erste Wissenschaft und zwar eine, die über das Seiende nachdenkt, insofern es ein Seiendes ist, deshalb zeigt er, von ihr wie von etwas offensichtlicherem ausgehend, zuerst die Unterschiedenheit der Naturwissenschaft von den praktischen Wissenschaften auf. Als zweites zeigt er ihre Unterschiedenheit von den spekulativen Wissenschaften auf, wobei die eigentümliche Betrachtungsmethode dieser Wissenschaft aufgezeigt wird (dort, wo es heißt: „Die Essenz aber muss"). Er sagt also zuerst, dass die Naturwissenschaft sich nicht mit dem Seienden im einfachen Sinne, sondern mit einer bestimmten Gattung des Seienden beschäftigt; das heißt mit seiner natürlichen Substanz, die in sich das Prinzip der Bewegung und der Ruhe trägt. Und daraus erhellt, dass sie weder aktiv noch produktiv[1] ist. Tun und Machen unterscheiden sich nämlich: denn Tun ist etwas, das sich mit einer Aktivität vollzieht, die im Handelnden selbst verbleibt, so wie zum Beispiel Auswählen, Verstehen und andere derartige Dinge. Daher nennt man die aktiven Wissenschaften moralische Wissenschaften. Machen aber vollzieht sich mit einer Aktivität, die nach außen die Umgestaltung

---

[1] „scientia activa" und „scientia factiva" werden hier und im Folgenden als „aktive Wissenschaft" (im Sinne einer „Wissenschaft des Handelns") bzw. „produktive Wissenschaft" (im Sinne einer „Wissenschaft der Hervorbringung" greifbarer Ergebnisse) übersetzt.

einer Materie bewirkt, so wie zum Beispiel Schneiden, Brennen und andere derartige Dinge: daher werden die produktiven Wissenschaften mechanische Künste genannt.

10. Dass aber die Naturwissenschaft keine produktive Wissenschaft ist, ist offensichtlich; denn das Prinzip der produktiven Wissenschaften liegt im Produzenten, nicht im Produzierten, das das künstlich Hergestellte ist; das Prinzip der Bewegung der natürlichen Dinge aber liegt in den natürlichen Dingen selbst. Dieses Prinzip der künstlich hergestellten Dinge aber, das im Produzenten liegt, ist als erstes der Verstand, der als erster die Kunst erfindet; als zweites die Kunst, die der Habitus des Verstandes ist; und zum dritten irgendeine ausführende Kraft, so wie eine bewegende Kraft, mit deren Hilfe der Künstler den gedanklichen künstlerischen Plan umsetzt. Daher ist klar, dass die Naturwissenschaft keine produktive Wissenschaft ist.

11. Aufgrund derselben Überlegung ist klar, dass sie keine aktive Wissenschaft ist. Denn das Prinzip der aktiven Wissenschaften liegt im Handelnden, nicht in den Handlungen selbst, oder in dem, was man gewohnheitsmäßig tut. Dieses Prinzip ist aber „eine Prohairesis“, das heißt eine Auswahl. Denn das, was man praktisch tun kann und das, was man auswählen kann, sind identisch. So ist also klar, dass die Natur-

wissenschaft weder eine aktive noch eine produktive Wissenschaft ist.

12. Wenn also jede Wissenschaft entweder aktiv oder produktiv oder theoretisch ist, dann folgt daraus, dass die Naturwissenschaft eine theoretische Wissenschaft ist. So ist sie dennoch „eine theoretische", das heißt eine spekulative Wissenschaft, die sich mit einer festgesetzten Gattung des Seienden beschäftigt, die sich freilich bewegen lässt. Das bewegliche Seiende ist nämlich das Subjekt der Naturphilosophie. Und sie beschäftigt sich nur mit einer „solchen Substanz", das heißt mit der Washeit und der Essenz einer Sache, die ihrem Charakter nach in der Mehrzahl der Fälle nicht von der Materie getrennt werden kann; und das sagt er wegen des Intellekts, der auf gewisse Weise ein Gegenstand des Nachdenkens für die Naturphilosophie ist, und dennoch lässt sich seine Substanz abtrennen. So ist klar, dass die Naturwissenschaft sich mit einem festgesetzten Subjekt beschäftigt, das ein bewegliches Seiendes ist und eine feststehende Methode zum Definieren besitzt, nämlich mithilfe der Materie.

13. Wenn er hierauf sagt „Es gehört sich aber" zeigt er die Verschiedenheit dieser Wissenschaft von den anderen spekulativen Wissenschaften auf, soweit es die Methode der Definition angeht. Und diesbezüglich tut er zwei Dinge. Als erstes zeigt die vorgenannte Verschiedenheit auf. Dann trifft er eine Schlussfolge-

rung hinsichtlich der Zahl der theoretischen Wissenschaften (dort wo es heißt: „Deshalb"). Hinsichtlich des ersten Punktes tut er drei Dinge. Als erstes zeigt er die der Naturphilosophie eigene Definitionsmethode auf. Er sagt, dass, damit man die Verschiedenheit der spekulativen Wissenschaften voneinander erkennen kann, die Washeit einer Sache, und „ihre begriffliche Wesenheit", das heißt die Definition, die sie selbst anzeigt, wie man sie bei jeder beliebigen Wissenschaft angeben muss, nicht unbekannt bleiben darf. „Ohne dies" nach der vorgenannten Verschiedenheit zu suchen, das heißt ohne Kenntnis der Definitionsmethode, heißt nichts zu tun. Da nämlich die Definition ein Beweismittel ist, und folgerichtig das Prinzip des Wissens, müssen sich aus der jeweils verschiedenen Definitionsmethode in den spekulativen Wissenschaften auch Unterschiede ergeben.

14. Man muss nämlich wissen, dass von den Dingen, die definiert werden, manche so definiert werden, wie eine platte Nase, andere aber wie etwas Konkaves. Und diese zwei Definitionen unterscheiden sich, weil das Verständnis der Definition der platten Nase mit der sinnlich wahrnehmbaren Materie verbunden ist. Eine platte Nase ist nämlich nichts anderes als eine gekrümmte oder konkave Nase. Die Konkavität aber lässt sich ohne die sinnlich wahrnehmbare Materie definieren. Man nimmt nämlich bei der Definition des Konkaven oder des Gekrümmten nicht irgendeinen sinnlich wahrnehmbaren Körper an, wie das

Feuer oder das Wasser oder irgendeinen anderen derartigen Körper. Man nennt nämlich konkav das, dessen Mitte von den Außenseiten her nach innen gekrümmt ist.

15. Alle Objekte der Natur aber lassen sich auf ähnliche Weise definieren wie die platte Nase, wie sowohl an einander sehr unähnlichen Teilen eines Lebewesens deutlich wird, wie es die Nase, das Auge und das Gesicht sind, als auch an einander sehr ähnlichen Teilen, wie es das Fleisch und das Skelett sind; und auch am ganzen Lebewesen. Und in ähnlicher Weise wird es deutlich an den Teilen der Pflanzen, das heißt Blattwerk, Wurzel und Rinde; und in ähnlicher Weise an der ganzen Pflanze. Man kann nämlich die Definition keines der vorgenannten Dinge angeben ohne sich dabei der Bewegung zu bedienen; sondern jedes von ihnen trägt die sinnlich wahrnehmbare Materie in seiner Definition, und folgerichtig auch die Bewegung. Denn jeder beliebigen sinnlich wahrnehmbaren Materie kommt eine ihr eigene Bewegung zu. Bei der Definition des Fleisches und des Skeletts muss man nämlich Wärme und Kälte annehmen, die in irgendeiner Weise temperiert sind; und ähnlich verhält es sich mit den anderen Dingen. Und daraus erhellt, welche Methode, die Washeit der Objekte der Natur zu erforschen, und welche Methode zur Definition es in der Naturwissenschaft gibt, nämlich eine, die mit Zuhilfenahme der sinnlich wahrnehmbaren Materie vorgeht.

16. Und deshalb stellt die Naturwissenschaft auch Betrachtungen über die Seele an, die man freilich ohne Zuhilfenahme der sinnlich wahrnehmbaren Materie nicht definieren kann. Im zweiten Buch von „Über die Seele" wird nämlich gesagt, dass die Seele die erste Wirklichkeit desjenigen natürlichen, organischen Körpers ist, der in der Potenz Leben hat. Die Seele aber gehört insofern, dass sie nicht der Akt eines solchen Körpers ist, nicht zum Untersuchungsgebiet der Naturwissenschaft, wenn es denn eine Seele gibt, die vom Körper getrennt werden kann. Aus den vorgenannten Tatsachen erhellt also, dass die Physik eine theoretische Wissenschaft ist und dass sie eine festgesetzte Definitionsmethode besitzt.

17. Als zweites (dort, wo es heißt: „Aber es ist auch die Mathematik") zeigt er die Methode auf, die der Mathematik eigen ist. Er sagt, dass auch die Mathematik eine theoretische Wissenschaft ist. Es steht nämlich fest, dass sie weder aktiv noch produktiv ist, weil die Mathematik über die Dinge nachdenkt, die nicht mit einer Bewegung verbunden sind, ohne die es ja kein Tun und kein Machen geben kann. Aber ob die Gegenstände, über die die Mathematik nachdenkt, von ihrem eigenen Sein her bewegliche und von der Materie trennbare Objekte sind, das ist noch nicht klar. Manche nahmen nämlich an, die Zahlen und Größen und anderen mathematischen Objekte seien von der Materie getrennte Mitteldinge zwischen den

Formen und den sinnlich wahrnehmbaren Objekten, nämlich die Platoniker, wie im ersten und dritten Buche festgehalten worden ist. Wie es sich mit dieser Frage in Wahrheit verhält, hat er noch nicht perfekt festgelegt; es wird aber weiter unten festgesetzt werden.

18. Aber dennoch ist klar, dass die mathematische Wissenschaft über einige Dinge nachdenkt insofern sie unbeweglich sind und insofern sie von der sinnlich wahrnehmbaren Materie getrennt sind, auch wenn sie ihrem Sein nach nicht unbeweglich sind oder sich von der Materie trennen lassen. Denn ihre intelligible Struktur, zum Beispiel die des Konkaven oder die des Gekrümmten, ist nicht mit der sinnlich wahrnehmbaren Materie verbunden. Darin nämlich unterscheidet sich die Mathematik von der Physik, dass die Physik über die Dinge nachdenkt, deren Definitionen mit der sinnlich wahrnehmbaren Materie verbunden sind. Und deshalb denkt sie über die nicht von der Materie getrennten Dinge nach, insoweit sie nicht von der Materie getrennt sind. Die Mathematik aber denkt aber über die Dinge nach, deren Definitionen nicht mit der sinnlich wahrnehmbaren Materie zusammenhängen. Und deshalb denkt sie, auch wenn die Dinge, über die sie nachdenkt, nicht von der Materie getrennt sind, dennoch über sie nach, insofern sie von der Materie getrennt sind.

19. Als drittes (dort, wo es heißt: „Wenn es aber") zeigt er die dieser Wissenschaft eigene Methode auf. Er sagt, dass, wenn es irgendetwas gibt, das seinem Sein nach unbeweglich ist, und infolgedessen etwas Immerwährendes und seinem Sein nach von der Materie Trennbares ist, es dann klar ist, dass das Nachdenken darüber einer theoretischen Wissenschaft, nicht einer aktiven oder einer produktiven obliegt, deren Nachdenken sich mit Bewegungen beschäftigt. Und dennoch ist das Nachdenken über ein so beschaffenes Seiendes keine Physik: denn die Physik denkt über bestimmtes Seiendes nach, nämlich über bewegliches. Und in ähnlicher Weise ist das Nachdenken über dieses Seiende keine Mathematik: denn die Mathematik denkt über die Dinge, die sich von der Materie trennen lassen, nicht mit Hinblick auf ihr Sein nach, sondern im Hinblick auf ihre intelligible Struktur, wie schon ausgeführt wurde. Aber es ist notwendig, dass das Nachdenken über dieses Seiende einer anderen Wissenschaft zukommt, die vor diesen beiden vorgenannten Wissenschaften liegt, das heißt Physik und Mathematik.

20. Die Physik nämlich beschäftigt sich mit Dingen, die sich nicht von der Materie trennen lassen und beweglich sind, und die Mathematik mit unbeweglichen Dingen, die dennoch nicht von der Materie ihrem Sein nach getrennt sind, sondern nur gemäß ihrer intelligiblen Struktur, ihrem Sein nach aber zur sinnlich wahrnehmbaren Materie gehören. Er sagt

aber „wahrscheinlich“, weil noch nicht entschieden wurde, wie es sich hiermit in Wahrheit verhält. Er sagt aber, dass einige mathematische Wissenschaften sich mit unbeweglichen Gegenständen beschäftigen, so wie zum Beispiel die Geometrie und die Arithmetik; denn manche mathematischen Wissenschaften wendet man auf eine Bewegung an, wie zum Beispiel die Astrologie. Die erste Wissenschaft aber beschäftigt sich mit den Dingen, die ihrem Sein nach von der Materie getrennt sind, und ganz und gar unbeweglich sind.

21. Es ist also notwendig, dass die allgemeinen Ursachen immerwährend sind. Denn die ersten Ursachen des erzeugenden Seienden müssen unerzeugt sein, damit die Erzeugung nicht unendlich fortschreitet; und vorzüglich die müssen es sein, die ganz und gar unbeweglich und immateriell sind. Denn diese immateriellen und unbeweglichen Ursachen sind die Ursachen für die für uns sinnlich wahrnehmbaren Dinge, die uns klar vor Augen stehen, weil sie Seiendes im höchsten Grade sind, und infolgedessen Ursachen der anderen Dinge, wie im zweiten Buche gezeigt worden ist. Und daher ist klar, dass die Wissenschaft, die derartiges Seiendes behandelt, unter allen den ersten Rang einnimmt, und über die allgemeinen Ursachen alles Seienden nachdenkt. Daher sind es die Ursachen des Seienden insofern sie Seiendes sind, die in der ersten Philosophie erforscht werden, wie er im ersten Buche vorgestellt hat. Daher wird aber klar deutlich,

dass die Meinung jener falsch ist, die annahmen, Aristoteles habe gemeint, dass Gott nicht die Ursache der Substanz des Himmels ist, sondern nur für seine Bewegung.

22. Man muss aber beachten, dass – mögen auch zum Untersuchungsfeld der ersten Philosophie die Dinge gehören, die ihrem Sein und ihrer intelligiblen Struktur nach von Materie und Bewegung getrennt sind – dennoch nicht nur sie dazu gehören. Sondern der Philosoph untersucht auch die sinnlich wahrnehmbaren Dinge, insoweit sie Seiendes sind. Wenn wir nicht gerade sagen wollen, wie Avicenna es tut, dass man von derartigen allgemeine Objekten, die diese Wissenschaft erforscht, sagt, dass sie ihrem Sein nach von der Materie getrennt sind, nicht, weil sie immer ohne Materie sind, sondern weil ihr Sein nicht notwendigerweise materiell ist, so wie zum Beispiel bei den mathematischen Objekten.

23. Wenn er hierauf sagt „Deshalb“, trifft er eine Schlussfolgerung hinsichtlich der Zahl der theoretischen Wissenschaften. Und diesbezüglich tut er drei Dinge. Zuerst trifft er eine Schlussfolgerung aus den vorausgeschickten Ausführungen, dass die theoretische Philosophie drei Teile hat, nämlich die Mathematik, die Physik und die Theologie, die die erste Philosophie ist.

24. Wenn er hierauf sagt „Denn nicht" gibt er zuerst zwei Argumente dafür an, dass diese Wissenschaft als Theologie bezeichnet wird. Das erste dafür ist, dass „es klar ist, wenn das Göttliche irgendwo existiert", das heißt, wenn in irgendeiner Gattung von Dingen etwas Göttliches existiert, dass es dann in einer solchen Natur existiert, nämlich in der eines unbeweglichen und von der Materie getrennten Seienden, über das diese Wissenschaft nachdenkt.

25. Wenn er hierauf sagt „Und die ehrenvollste" gibt er das zweite Argument an, das so aussieht. Die ehrenvollste Wissenschaft beschäftigt sich mit der ehrenvollsten Gattung des Seienden, zu der die göttlichen Dinge gehören: also ist, da diese Wissenschaft die ehrenvollste unter allen ist, weil sie ehrenvoller ist als die theoretischen, wie zuvor schon gezeigt worden ist – die freilich wiederum ehrenvoller als die praktischen Wissenschaften sind, wie im ersten Buche festgehalten wurde – klar, dass diese Wissenschaft sich mit den göttlichen Dingen beschäftigt; und deshalb nennt man sie Theologie, gleichsam eine Rede über göttliche Dinge.[2]

26. Wenn er hierauf sagt „Man wird aber zweifeln", wird als drittes eine Frage hinsichtlich schon festgestellter Dinge gestellt. Und zuerst stellt er sie, indem

[2] Das ist eine richtige Paraphrase des griechischen θεολογία.

er sagt, dass man zweifeln kann, ob die erste Philosophie eine universale Wissenschaft ist in dem Sinne, gleichsam als ob sie über das Seiende in universaler Weise nachdenkt, oder ob ihr Nachdenken sich mit irgendeiner festbestimmten Gattung und einer Natur beschäftigt. Und das scheint nicht der Fall zu sein. Denn die Methode dieser Wissenschaft und die der mathematischen Wissenschaften ist nicht eine; denn die Geometrie und die Astrologie, die mathematische Wissenschaften sind, beschäftigen sich mit einer festbestimmten Natur; die erste Philosophie aber beschäftigt sich auf universale Weise allgemein mit allen Dingen. Und dennoch scheint es umgekehrt so zu sein, dass sie sich mit irgendeiner festbestimmten Natur beschäftigt, deshalb, weil sie sie sich mit den von der Materie trennbaren und unbeweglichen Dingen beschäftigt, wie schon gesagt worden ist.

27. Wenn er hierauf sagt „Wenn also" löst er das Problem, indem er sagt, dass, wenn es nicht irgendeine andere Substanz außer denen gibt, die gemäß der Natur bestehen, und mit denen sich die Physik beschäftigt, dann die Physik die erste Wissenschaft sein wird. Aber wenn es irgendeine unbewegliche Substanz gibt, dann wird diese der natürlichen Substanz vorangehen; und infolgedessen wird die Philosophie, die über eine derartige Substanz nachdenkt, die erste Philosophie sein. Und weil sie die erste ist, deshalb wird sie universal sein, und es wird ihre Aufgabe sein, über das Seiende nachzudenken insofern es ein Sei-

endes ist, und über die Essenz, und über die Dinge, die zum Seienden gehören, insofern es ein Seiendes ist. Die Wissenschaft über das erste Seiende und die über das allgemeine Seiende ist nämlich dieselbe, wie zu Beginn des vierten Buches festgehalten worden ist.

Zweite Lektion

Das Seiende, das diese Wissenschaft untersucht

1. Hier zeigt er auf, mit welchem Seienden sich diese Wissenschaft vorzüglich beschäftigen will; und diesbezüglich tut er drei Dinge. Zuerst repetiert er die Weisen, auf die man etwas als Seiendes bezeichnet. Als zweites bestimmt er die Natur des Seienden im Hinblick auf die zwei Bedeutungsmöglichkeiten, mit denen sie sich nicht vorzüglich beschäftigen will (dort, wo es heißt: „Weil man von Seiendem auf vielerlei Weise spricht“). Als drittes zeigt er auf, dass sie sich mit diesen Arten des Seienden nicht vorzüglich beschäftigen will (dort, wo es heißt: „Weil aber die Komplexität“). Er sagt also zuerst, dass man vom Seienden im einfachen Sinne, das heißt allumfassend gesagt, auf vielerlei Weise sprechen kann, wie im fünften Buche festgehalten worden ist. Auf eine Weise spricht man nämlich vom Seienden im Sinne eines Akzidens. Auf eine andere Weise spricht man vom

Seienden im Sinne der Wahrheit einer Annahme; und das Nicht-Seiende ist identisch mit der Falschheit einer Annahme. Auf eine dritte Weise spricht man vom Seienden in dem Sinne, dass es in sich die Gestalten der Aussagen enthält, wie das „Was", das „Wie beschaffen", das „Wie viel" etc. Auf eine vierte Weise in einem Sinne abgesehen von allen den hier vorgenannten, nämlich in dem Sinne, dass es sich in Potenz und Akt unterteilen lässt.

2. Wenn er hierauf sagt „weil deshalb" trifft er eine Festsetzung hinsichtlich der Arten des Seienden die er beiseitelassen will. Und zuerst hinsichtlich des Seienden im akzidentiellen Sinne. Als zweites hinsichtlich des Seienden, das mit dem Wahren identisch ist (dort, wo es heißt: „Was aber wie das Wahre" etc.). Hinsichtlich des ersten Punktes tut er zwei Dinge. Zuerst zeigt er, dass es über das Seiende im akzidentiellen Sinne keine Wissenschaft geben kann. Als zweites trifft er eine Festlegung hinsichtlich der Dinge, die man hinsichtlich des Seienden im akzidentiellen Sinne bedenken muss (dort, wo es heißt: „Aber dennoch muss man sagen" etc.). Er sagt also zuerst, dass, wenn man vom Seienden auf vielerlei Weise sprechen kann, wie schon gesagt worden ist, man zuerst vom Seienden im akzidentiellen Sinne sprechen muss; damit das, was den Charakter des Seienden im geringeren Maße besitzt, gleich zu Anfang von den Überlegungen dieser Wissenschaft ausgeschlossen werden kann. Das aber muss man von ihm sagen,

dass sich keine Überlegung irgendeiner Wissenschaft mit ihm beschäftigen kann. Und das beweist er auf zweifache Weise.

3. Zuerst durch ein Zeichen. Er sagt, dass es ein Zeichen dafür, dass es über das Seiende im akzidentiellen Sinne kein Nachdenken geben kann, sei, dass man bei keiner Wissenschaft „wie studienbeflissen" oder „nachdenklich", wie eine andere Übersetzung es sagt, sie auch sei, das heißt so sorgfältig sie auch über die Dinge nachdenkt, die zu ihr gehören, finden kann, dass sie sich mit dem Seienden im akzidentiellen Sinne beschäftigt. Das tut aber weder die praktische Wissenschaft, die sich in die aktive und die produktive unterteilen lässt, wie oben gesagt worden ist, noch die theoretische Wissenschaft.

4. Und das beweist er zuerst mit Blick auf die praktischen Wissenschaften, weil jener, der ein Haus errichtet, wenn er es errichtet, nicht die Dinge herstellt, die dem Haus eigen sind, wenn es fertig gebaut ist, wenn er es nicht akzidentiell tut, da jene Dinge unbegrenzt sind und daher nicht in das Aufgabenfeld seiner Kunst fallen können. Nichts verbietet nämlich, dass das fertiggebaute Haus „wohlgefällig" ist, das heißt Freude bereitet, jedenfalls jenen, die glücklich in ihm wohnen; für andere aber kann es „schädlich" sein, für solche etwa, die durch das Haus einen Schaden erleiden. Und für andere, die aus dem Haus einen Vorteil ziehen wollen, kann es „nützlich" sein, und es

kann auch noch etwas anderes und von allem anderen Seienden verschiedenes sein. Nichts von dem, was dem Hause akzidentiell eigen ist, hat die Baukunst hergestellt; sondern sie hat nur das Haus verfertigt und die Dinge, die dem Haus an sich eigen sind.

5. Und hierauf zeigt er auf, dass dasselbe hinsichtlich der spekulativen Wissenschaften gilt: weil die Geometrie auf ähnliche Weise nicht darüber nachdenkt, was die Akzidentien „der Figuren sind", das heißt auf akzidentielle Weise, sondern nur über jene Akzidentien, die den Figuren an sich zukommen. Sie denkt nämlich darüber nach, dass ein Dreieck „zwei rechte Winkel hat", das heißt drei Winkel, die gleichgroß sind wie zwei rechte Winkel. Sie denkt aber nicht darüber nach, ob irgendetwas anderes, nimm etwa ein Holz oder etwas anders dergleichen, ein Dreieck ist. Diese Dinge kommen nämlich dem Dreieck nur auf akzidentielle Weise zu.

6. Als zweites (dort, wo es heißt: „Und dies") beweist er dasselbe mithilfe der Vernunft. Er sagt, dass es vernünftig ist, dass die Wissenschaft nicht über das Seiende im akzidentiellen Sinne nachdenkt. Denn die Wissenschaft denkt über das nach, was tatsächlich Seiendes ist; das Seiende aber im akzidentiellen Sinne ist ein Seiendes gleichsam nur dem Namen nach, insofern man das eine vom anderen als Prädikat aussagt. So ist nämlich ein jedes Ding ein seiendes, inso-

fern es eines ist. Aus zwei Dingen aber, von denen das eine akzidentiell zum anderen hinzukommt, entsteht eines nur dem Namen nach; so wie nämlich das eine vom anderen als Prädikat ausgesagt wird, wie zum Beispiel, wenn man von einem Musiker sagt, er habe eine weiße Haut, oder umgekehrt. Nicht aber so, dass es irgendeine Sache gibt, die sich aus der Farbe Weiß und einem Musiker zusammensetzt.

7. „Daher hat Platon". Dass das Seiende im akzidentiellen Sinne nur dem Namen nach ein Seiendes ist, beweist er auf zweifache Weise. Zuerst durch die Autorität Platons. Als zweites mithilfe der Vernunft. Das zweite tut er dort, wo es heißt „Es ist aber klar etc.". Er sagt also, dass, da das Seiende in einem akzidentiellen Sinne ein Seiendes nur dem Namen nach ein Seiendes ist, Platon irgendwie nicht schlecht daran getan hat, als er die verschiedenen Wissenschaften betreffs der Substanz nach Verschiedenem zuordnete und dabei die sophistische dem Nicht-Seienden zuordnete. Die Überlegungen der Sophisten beschäftigen sich nämlich vor allem mit dem Akzidentiellen. Die meisten verborgenen Fehlschlüsse ergeben sich nämlich aus dem dem bloß akzidentiellen Verhältnis zuzuweisenden Trugschluss.

8. Und deshalb wird im ersten Buche der „Sophistischen Widerlegungen" gesagt, dass sie ihre Syllogismen gegen die Weisen gemäß dem Akzidentiellen verfertigen; wie bei den Fehlschlüssen klar ist, in

denen man zweifelt, ob das Musikalische und das Grammatikalische etwas Verschiedenes oder dasselbe ist. Um einen solchen Fehlschluss herzustellen: Das Musikalische ist etwas Anderes als das Grammatikalische; das Musikalische ist aber etwas Grammatikalisches, also ist das Musikalische etwas anderes als es selbst. Das Musikalische ist nämlich, an sich gesprochen, etwas anders als das Grammatikalische; aber der Musiker ist akzidentiell ein Grammatiker. Daher ist es nicht seltsam, wenn sich eine unpassende Folgerung ergibt, wenn man das, was etwas akzidentiell ist, nicht von dem unterscheidet, was es an sich ist. Und ähnlich verhält es sich, wenn man so spricht: Coriscus ist etwas Anderes als der Musiker Coriscus. Aber Coriscus ist der Musiker Coriscus. Also ist Coriscus etwas Anderes als er selbst. Auch hier wird nicht unterschieden das, was akzidentiell ist, von dem, was an sich ist. Und ähnlich verhält es sich, wenn man sagt: alles was ist, und nicht schon immer gewesen ist, ist etwas Gewordenes: aber das musikalische Seiende ist ein grammatikalisches und ist nicht schon immer gewesen; also folgt daraus, dass das musikalische Seiende zu einem grammatikalischen geworden ist und das grammatikalische Seiende zu einem musikalischen. Das ist freilich falsch; denn kein Erzeugungsprozess endet dabei, dass das Grammatikalische ein Musikalisches ist; sondern einer bei dem Sein des Grammatikalischen und ein anderer bei dem Sein des Musikalischen. Es ist auch klar, dass bei diesem Argument die erste Aussage wahr ist hinsichtlich einer

Sache, die an sich existiert, aber in der zweiten wird etwas angenommen, das ein akzidentielles Seiendes ist. Und ähnlich verhält es sich mit allen so beschaffenen Überlegungen, die entsprechend dem dem bloß akzidentiellen Verhältnis zuzuweisenden Trugschluss existieren. Es scheint nämlich das akzidentielle Seiende dem Nicht-Seienden verwandt zu sein. Und deshalb beschäftigt sich die Sophisterei, die es mit dem Anschein und dem Nicht-Existierenden zu tun hat, besonders mit dem akzidentiellen Seienden.

9. „Es ist aber klar“. Als zweites beweist er dasselbe mithilfe der Vernunft, indem er sagt, dass auch aus den Überlegungen, derer sich die Sophisten bedienen, erhellt, dass das akzidentielle Seiende mit dem Nicht-Seienden verwandt ist. Denn bei den Dingen, die auf andere Weise als akzidentiell Seiendes sind, gibt es Erzeugung und Vergehen; aber bei dem akzidentiellen Seienden gibt es weder Erzeugung noch Vergehen. Das Musikalische entsteht nämlich durch einen Erzeugungsprozess und das Grammatikalische durch einen anderen. Es gibt aber nicht einen Erzeugungsprozess für ein Grammatikalisch-Musikalisches [oder: für einen Grammatiker-Musiker], so wie für ein zweifüßiges Lebewesen oder für einen Menschen mit Lachvermögen. Daher ist klar, dass das akzidentielle Seiende sich nicht im wahren Sinne als Seiendes bezeichnen lässt.

10. Wenn er hierauf sagt „Aber dennoch muss man sagen“ trifft er hinsichtlich des akzidentiellen Seienden eine Festlegung im Hinblick auf die Tatsache, dass man diesbezüglich eine Feststellung treffen kann. Mögen auch die Dinge, denen ein akzidentielles Sein zukommt, nicht Stoff des Nachdenkens für irgendeine Wissenschaft sein, kann man doch die intelligible Struktur dessen, was ein akzidentielles Seiendes ist, mithilfe irgendeiner Wissenschaft gedanklich betrachten. So wie zum Beispiel, obwohl das, was unendlich ist mit Hinblick auf seine Unendlichkeit etwas Unbekanntes ist, dennoch eine Wissenschaft das Unendliche mit Hinblick auf seine Unendlichkeit behandelt. Und diesbezüglich tut er zwei Dinge. Zuerst stellt er die Dinge fest, die man bezüglich des akzidentiellen Seienden bedenken muss. Als zweites schließt er eine Lehrmeinung aus, durch die das akzidentielle Seiende beseitigt wird (dort, wo es heißt: „Dass es aber die Prinzipien und das Sein“ etc.).

11. Hinsichtlich des ersten Punktes tut er zwei Dinge. Zuerst sagt er, dass man hinsichtlich des akzidentiellen Seienden, insofern man es behandelt, drei Dinge sagen muss; nämlich, was seine Natur ist, und was seine Ursache ist; und daraus wird als drittes klarwerden, weshalb es keine Wissenschaft darüber geben kann.

12. Wenn er hierauf sagt „Weil also“ geht er den drei vorgenannten Punkten nach. Und als erstes fragt er,

was die Ursache für das Seiende im akzidentiellen Sinne ist, indem er sagt, dass es unter dem Seienden manche Dinge gibt, die sich notwendigerweise immer ähnlich verhalten (nicht freilich in dem Sinne, in dem man als Notwendigkeit einen gewaltsamen Zwang bezeichnet, sondern in dem Sinne, in dem man von Notwendigkeit in Bezug auf etwas spricht, das sich nicht anders verhalten kann, zum Beispiel die Tatsache, dass der Mensch ein Lebewesen ist); manche Dinge aber sind nicht notwendig so und auch nicht immer, sondern sie sind es „mehr", das heißt in der Mehrzahl der Fälle. Und „dies", das heißt das Seiende in der Mehrzahl der Fälle, ist die Ursache und das Prinzip dafür, dass irgendetwas akzidentiell existiert. Bei den Dingen nämlich, die immer sind, kann es nichts Akzidentielles geben; denn nur etwas, das durch sich selbst existiert, kann etwas Notwendiges und Immerwährendes sein, wie auch im fünften Buche festgehalten worden ist. Daher bleibt, dass es ein akzidentielles Seiendes nur bei den kontingenten Dingen geben kann.

13. Denn das Kontingente, das zu entgegengesetzten Dinge in der Lage ist, kann nicht die Ursache für etwas sein, insofern es derart beschaffen ist. Insofern es nämlich für entgegengesetzte Möglichkeiten offen ist, hat es die Disposition der Materie, die in der Potenz zu zwei entgegengesetzten Dingen ist: nichts wirkt nämlich, insofern es in der Potenz ist. Daher muss die Ursache, die für beides offen ist, wie der

Wille, sich zu dem, was sie wirkt, mehr nach einer Richtung neigen, deshalb, weil sie vom begehrten Objekt bewegt wird, und so eine Ursache sein wie in der Mehrzahl der Fälle. Aber das Kontingente, das in einer Minderzahl von Fällen auftritt, ist ein akzidentielles Seiendes, nach dessen Ursache man sucht. Daher verbleibt noch, dass die Ursache des akzidentiellen Seienden das Kontingente in den meisten Fällen ist, weil es nur in der Minderzahl der Fälle ausbleibt. Und das ist das akzidentielle Seiende.

14. Als zweites (dort, wo es heißt: „Dass nämlich“) demonstriert er die Natur des akzidentiellen Seienden, indem er sagt: ich sage deshalb, dass das, was in den meisten Fällen auftritt, die Ursache für das akzidentielle Seiende ist, weil wir von dem, was nicht immer und nicht in der Mehrzahl der Fälle existiert, sagen, es existiere in akzidentieller Weise. Und das ist das Ausbleiben dessen, was in den meisten Fällen zutrifft, so dass wir, wenn „Winter ist", das heißt eine regnerische und frostige Periode „zur Zeit des Hundes", das heißt in den Hundstagen, dann sagen, das geschehe in akzidentieller Weise. Wir sagen das jedoch nicht, wenn dann „Hitze herrscht", das heißt Trockenheit und Wärme. Das letztere trifft nämlich immer oder in der Mehrzahl der Fälle zu, aber jenes nicht. Und in vergleichbarer Weise sagen wir, ein Mensch sei in akzidentieller Weise weiß, weil das nicht immer und auch nicht in der Mehrheit der Fälle so ist. Vom Menschen aber sagen wir, dass er an sich

ein Lebewesen ist, und nicht, dass er es auf akzidentielle Weise ist, weil er es immer ist. Und in vergleichbarer Weise sorgt der Baumeister in akzidentieller Weise für Gesundheit, weil nicht der Baumeister dazu befähigt ist, für Gesundheit zu sorgen, insofern er ein derartiges Metier hat, sondern nur der Arzt ist das. Der Baumeister aber sorgt für Gesundheit, insofern er in akzidentieller Weise ein Arzt ist; und in vergleichbarer Weise schafft der „Kochkünstler", das heißt der Koch, „da er danach strebt", das heißt „Wohlbehagen" bereiten will, das heißt Freude am Essen, indem er eine gut gewürzte Speise herstellt, zugleich etwas Gesundes. Ein gutes und erfreuliches Essen ist nämlich mitunter für die Gesundheit vorteilhaft. Aber nicht das, dass er etwas Gesundes herstellt, geschieht entsprechend der „Kochkünstlerschaft", das heißt der Kochkunst, sondern dass er etwas Wohlschmeckendes herstellt. Und deshalb sagen wir, dass dies akzidentiell geschieht.

15. Und man muss beachten, dass im ersten Beispiel das akzidentielle Seiende sich durch ein Zusammentreffen zur selben Zeit ergab. Im zweiten aber durch ein Zusammentreffen im selben Subjekt, wie das Weiße mit dem Menschen zusammentrifft. Im dritten durch ein Zusammentreffen in derselben Handlungsursache, so wie der Baumeister und der Arzt. Im vierten durch ein Zusammentreffen im selben Effekt, so wie in einer Fleischspeise das Gesunde und das Wohlschmeckende zusammentreffen. Obwohl aber der

Koch eine wohlschmeckende Fleischspeise herstellt, wird sie dennoch nur akzidentiell auch zu etwas Gesundem. Der Koch schafft nämlich nur in einer gewissen Hinsicht irgendwie etwas Gesundes; aber er macht es nicht im einfachen Sinne, weil eine Kunst mit einer Intention ausgeübt wird. Daher geschieht etwas, das abseits der Intention der Kunst liegt, nicht durch die Kunst an sich gesprochen. Und deshalb entsteht das akzidentielle Seiende, das abseits der Intention der Kunst liegt, nicht durch die Kunst. Denn es gibt mitunter bestimmte Potenzen, die anderes Seiendes, das an sich existiert, herstellen. Aber es gibt keine Kunst oder bestimmte Potenz, die Seiendes im akzidentiellen Sinne herstellt. Die Dinge nämlich, die auf akzidentielle Weise existieren oder geschehen, müssen eine akzidentielle Ursache haben, und keine festgelegte. Effekt und Ursache verhalten sich nämlich proportional zueinander. Und deshalb hat der akzidentielle Effekt eine akzidentielle Ursache, so wie der Effekt an sich eine Ursache an sich hat.

16. Und weil er oben gesagt hatte, dass das Seiende, das in den meisten Fällen vorliegt, die Ursache für das akzidentielle Seiende ist, zeigt er folgerichtig (wenn er sagt: „Deshalb, weil"), wie das akzidentielle Seiende das Ergebnis dessen, was in den meisten Fällen vorliegt, darstellt. Er sagt, dass, weil nicht alle Dinge notwendigerweise immer existieren oder entstehen, „sondern die meisten gemäß einem Mehr existieren", das heißt meistens, es deshalb notwendi-

gerweise ein akzidentielles Seiendes geben muss, das weder immer noch meistens existiert, wie die Aussage „Der Musiker ist weiß". Denn weil es manchmal der Fall ist – mag es auch nicht immer und auch nicht meistens so sein –, folgt daraus, dass es auf akzidentielle Weise geschieht. Wenn nämlich das, was in der Minderzahl der Fälle vorliegt, nicht geschähe, dann würde das, was in der Mehrzahl der Fälle vorliegt, niemals ausbleiben, sondern es würde notwendigerweise immer der Fall sein, und so wären alle Dinge immerwährend und würden notwendigerweise existieren; und das ist eine falsche Annahme. Und weil das Ausbleiben dessen, was meistens der Fall ist, der Materie wegen auftritt, die nicht immer vollkommen der bewirkenden Kraft unterworfen ist, wie in den meisten Fällen, deshalb ist die Materie die Ursache für das, was sich akzidentiell anders verhält „als in den meisten Fällen", nämlich für das Akzidentielle, wie es in der Minderzahl der Fälle auftritt. Ich spreche aber nicht von einer notwendigen, sondern von einer kontingenten Ursache.

17. Wenn man aber festhält, dass nicht alle Dinge notwendigerweise existieren, sondern es etwas gibt, das nicht immer und auch nicht meistens existiert, muss man diesen Grundsatz hier als Basis zur Beantwortung der Frage nehmen, ob nichts weder immer ist noch in der Mehrzahl der Fälle vorliegt. Aber das ist klarerweise unmöglich: denn da das, was in der Mehrzahl der Fälle zutrifft, die Ursache des akziden-

tiellen Seienden ist, muss es sowohl etwas geben, das immer existiert als auch etwas, das in der Mehrheit der Fälle vorliegt. Also ist das, was außerhalb dieser beiden genannten liegt, ein akzidentielles Seiendes.

18. Aber ob wiederum das, was in der Mehrzahl der Fälle zutrifft, einer Sache innewohnt und das, was immer ist, keiner Sache innewohnt, oder ob es auch einige immerwährende Objekte gibt, das muss später im zwölften Buche bedacht werden. Dort wird er zeigen, dass manche Substanzen immerwährend sind. So wird also durch die erste Frage gefragt, ob alles akzidentiell existiert. Durch die zweite Frage wird aber gefragt, ob alle Dinge potentiell sind und es nichts Immerwährendes gibt.

19. Wenn er hierauf sagt „Dass aber" demonstriert er die dritte Prämisse; nämlich, dass es über das akzidentielle Seiende keine Wissenschaft gibt. Davon sagt er, es erhelle freilich daraus, dass jede Wissenschaft sich entweder mit dem beschäftigt, was immer ist, oder mit dem, was in den meisten Fällen vorliegt. Daher kann es, da das akzidentielle Seiende nicht immer existiert und auch nicht in der Mehrheit der Fälle vorliegt, darüber auch keine Wissenschaft geben. Das erste beweist er auf folgende Weise. Man kann nämlich nicht von jemand anderem belehrt werden oder einen anderen belehren über etwas, das nicht immer ist und auch nicht häufig vorliegt. Der Gegenstand, über den eine Lehre existiert, muss näm-

lich ein bestimmter Gegenstand sein, entweder, weil er immer existiert oder weil er in der Mehrzahl der Fälle vorliegt. So wie zum Beispiel die Tatsache, dass das „Honiggemisch“, das heißt eine Mischung aus Honig und Wasser, für Fieberkranke nützlich ist, eine Feststellung ist, die in der Mehrzahl der Fälle zutrifft.

20. Aber von dem, was „außerhalb dessen liegt“, das heißt, was weder immer noch in der Mehrzahl der Fälle vorliegt, kann man nicht sagen, wann es geschieht, so wie zum Beispiel, dass es zur Zeit des Neumondes geschehe. Denn das, von dem man festsetzt, es geschehe zur Zeit des Neumondes, existiert entweder immer oder meistens. Oder es kann das, was vom Neumond gesagt wird, noch als ein anderes Beispiel dienen für etwas, das als Immerwährendes definiert wird; und die Worte „oder meistens“ fügt er hinzu wegen der Unterschiedenheit des Akzidentiellen, das weder so noch so beschaffen ist. Daher fügt er hinzu, „dass das Akzidens außerhalb davon liegt“, nämlich außerhalb des immerwährenden Seienden und des meistens Seienden. Und das ist die kleinere Prämisse des oben angegebenen Hauptarguments. Ferner aber sagt er in einer Nachbemerkung, was schon gesagt worden ist, was das akzidentielle Seiende ist und was seine Ursache ist und dass es darüber keine Wissenschaft geben kann.

Dritte Lektion
Zurückweisung derjenigen, die das Akzidentelle abschaffen wollen

1. Nachdem der Philosoph eine Festlegung hinsichtlich des akzidentiellen Seienden getroffen hat, schließt er hier eine Lehrmeinung aus, durch die das ganze akzidentielle Seiende aufgehoben wird. Manche nahmen nämlich an, dass alles, was in der Welt geschieht, irgendeine Ursache an sich hat; und wiederum, dass, welche Ursache man auch annimmt, notwendigerweise auch ein Effekt darauffolgen muss. Daraus ergab sich, dass durch eine gewisse Verknüpfung von Ursachen alle Dinge mit Notwendigkeit geschehen und nichts auf akzidentielle Weise in den Dingen auftritt. Und deshalb unternimmt es der Philosoph diese Lehrmeinung zu zerstören. Und diesbezüglich tut er drei Dinge. Zuerst nämlich zerstört er die vorgenannte Lehrmeinung. Als zweites führt er eine Schlussfolgerung aus dem Vorgesagten an (dort, wo es heißt: „Es ist also klar“ etc.). Als drittes stellt er eine Frage, die sich gelegentlich aus dem Vorgesagten ergibt (dort, wo es heißt: „Aber zum Prinzip, wie beschaffen“). Er sagt also zuerst, dass aus dem Folgenden klarwerden wird, dass die Prinzipien und Ursachen der Entstehung und des Vergehens einiger Dinge „erzeugbar und vergänglich“ sind, das heißt, dass sie entstehen und vergehen können ohne Erzeugung und Vergehen, das heißt ohne dass sich daraus

Entstehen und Vergehen ergeben müssen. Es muss nämlich nicht so sein, dass – wenn die Entstehung oder das Vergehen irgendeiner Sache die Ursache für das Entstehen und das Vergehen einer anderen Sache ist – aus der Annahme der Entstehung oder des Vergehens der Ursache notwendigerweise das Entstehen oder das Vergehen des Effektes folgt. Denn manche Ursachen sind agierend wie in den meisten Fällen. Daher kann, sobald sie gesetzt sind, ihr Effekt noch immer auf akzidentielle Weise behindert werden, so wie zum Beispiel aufgrund der fehlenden Disposition der Materie, oder wegen des Entgegenwirkens eines in die entgegengesetzte Richtung Handelnden, oder wegen irgendetwas anderem derartigen.

2. Man muss dennoch wissen, dass Avicenna in seiner Metaphysik beweist, dass kein Effekt im Vergleich zu seiner Ursache möglich ist, sondern dass er nur notwendig ist. Wenn es nämlich nach Annahme einer Ursache möglich ist, keinen Effekt annehmen, oder einen Effekt anzunehmen (das aber, was potentiell ist, wird, insofern es derart beschaffen ist, durch irgendein aktuelles Seiendes in einen Akt überführt), dann wird es also nötig sein, dass hier irgendetwas, das von der Ursache unterschieden ist, einen aktuellen Effekt hervorruft. Jene Ursache war also nicht hinreichend. Und das scheint dem zu widersprechen, was der Philosoph hier sagt.

3. Man muss aber wissen, dass man die Aussage Avicennas unter der Voranname verstehen muss, dass zu der Ursache kein Hindernis hinzutritt. Wenn man eine Ursache annimmt, muss nämlich ein Effekt folgen, außer wenn es ein Hindernis gibt, das manchmal auf akzidentielle Weise auftritt. Und deshalb sagt der Philosoph, dass nicht notwendigerweise Entstehen und Vergehen folgen muss, wenn man Ursachen für Entstehen und Vergehen annimmt.

4. Wenn nämlich das, was hier gesagt worden ist, nicht wahr ist, wird daraus folgen, dass alle Dinge notwendigerweise existieren werden, vorausgesetzt, dass zusätzlich zu dem, was hier schon gesagt worden ist, nämlich, dass auf die Annahme einer Ursache ein Effekt folgen muss, noch eine andere Annahme getroffen wird, nämlich, dass alles, was entsteht und vergeht, notwendigerweise eine durch sich selbst existierende und nicht-akzidentielle Ursache haben muss. Aus diesen beiden Vorannahmen folgt nämlich, dass alles notwendigerweise existiert. Und das beweist er so:

5. Wenn man nämlich hinsichtlich einer Sache fragt, ob sie entstehen wird oder nicht, folgt aus dem Vorgesagten, dass eine dieser beiden Möglichkeiten notwendigerweise wahr sein muss: denn wenn alles, was geschieht, durch sich selbst eine Ursache für seine Erschaffung hat, durch deren Annahme seine eigene Erschaffung notwendig wird, folgt daraus, dass jene

Sache, hinsichtlich derer man fragt, ob sie entstehen wird, dann entsteht, wenn das existiert, was man als ihre Ursache annimmt; und wenn jenes nicht existiert, dass sie dann nicht entsteht. Und in ähnlicher Weise muss man sagen, dass diese Ursache existieren wird, wenn etwas Anderes, das ihre Ursache ist, existieren wird.

6. Es steht aber fest, dass – gleichgültig welche Zeit man als Zukunft annimmt, seien es 100 Jahre, seien es 1000 Jahre –, sie fest umgrenzt ist, wenn man vom gegenwärtigen Moment anfängt und bis zu jenem Zielpunkt fortschreitet. Da aber die Erzeugung der Ursache zeitlich der Erzeugung des Effekts vorangeht, ist es notwendig, dass wir beim Voranschreiten vom Effekt zur Ursache etwas von der zukünftigen Zeit wegnehmen und uns mehr der Gegenwart annähern. Jedes fest umgrenzte Ding wird vermindert, wenn man oft etwas von ihm weggenommen hat. Und so folgt, dass beim Voranschreiten vom Effekt zur Ursache, und wiederum von jener Ursache zu ihrer eigenen Ursache, und immer so weiter, die ganze zukünftige Zeit weggenommen wird, da sie fest umgrenzt ist, und man so zum gegenwärtigen Moment selbst gelangt.

7. Das wird aus dem folgenden Beispiel klar. Wenn nämlich jeder Effekt eine Wirkung an sich hat, auf die er notwendigerweise folgt, dann muss es so sein, dass dieser bestimmte Mensch zwangsläufig stirbt, sei es

an Krankheit, sei es durch Gewalt, wenn er sein Haus verlässt. Man findet nämlich, dass das Verlassen des Hauses die Ursache seines Todes ist, entweder der ihm widerfahrenen Gewalt; zum Beispiel, wenn er nach dem Verlassen seines Hauses von Räubern gefunden und erschlagen wird; oder dass es die Ursache für seine Krankheit ist, zum Beispiel, wenn er nach dem Verlassen des Hauses sich durch die Hitze Fieber zuzieht und daran stirbt. Und auf dieselbe Weise wird dies notwendig sein, nämlich, dass er das Haus verlässt, um Wasser zu schöpfen, wenn er Durst hat. Denn man findet, dass der Durst die Ursache dafür ist, dass er das Haus verlässt, um Wasser zu schöpfen. Aufgrund derselben Überlegung wird dies notwendig so sein, nämlich, dass er Durst hat, wenn es irgendetwas anderes geben wird, das die Ursache für seinen Durst ist; und indem man so vom Effekt zur Ursache fortschreitet, wird man zu etwas kommen „was nun ist“, das heißt zu einer Gegenwart, oder zu „etwas von den gewesenen Dingen“, das heißt zu etwas Vergangenem. So zum Beispiel, wenn wir sagen, dass der Durst da sein wird, wenn er bittere oder salzige Dinge isst, die Durst bewirken: dies aber, nämlich, dass er salzige Dinge isst oder nicht isst, liegt in der Gegenwart. Und so folgt daraus, dass die „vorgenannte Zukunft“, nämlich, dass dieser Mensch stirbt oder nicht stirbt, sich mit Notwendigkeit ergeben wird.

8. Weil nämlich jeder beliebige Bedingungssatz notwendigerweise wahr ist, muss es sein, dass, sobald die

Bedingung gesetzt ist, die Konsequenz aus Notwendigkeit gesetzt wird. So wie zum Beispiel diese Aussage wahr ist: „Wenn Sokrates läuft, dann wird er bewegt". Gesetzt also, dass er läuft, wird es notwendig sein, dass eben er bewegt wird, während er läuft. Wenn aber jeder beliebige Effekt eine Ursache an sich hat, aus der er sich zwangsläufig ergibt, dann muss jener Bedingungssatz wahr sein, dessen Vordersatz die Ursache und dessen Folgerung der Effekt ist. Und mag es auch zwischen der Ursache, die nun in der Gegenwart liegt, und dem Effekt, der in der Zukunft liegt, mitunter viele Zwischenstufen geben, von denen eine jede mit Hinblick auf die vorausgegangenen ein Effekt ist und im Hinblick auf die folgenden eine Ursache; dann folgt daraus dennoch vom ersten bis zum letzten, dass der Bedingungssatz wahr ist, dessen Vordersatz in der Gegenwart liegt und dessen Folgerung irgendwann in der Zukunft eintreten wird. Wie zum Beispiel dieser Satz: „Wenn er salzige Speisen isst, wird er erschlagen werden". Der Vordersatz aber wird angenommen, weil er in der Gegenwart liegt; also wird zwangsläufig folgen, dass er erschlagen wird. Und so werden alle anderen zukünftigen Ereignisse zwangsläufig eintreffen, deren nächste oder entfernte Ursachen in der Gegenwart liegen.

9. Und eine ähnliche Logik gilt, wenn man von den Effekten zu den Ursachen fortschreitet, zu „dem Getanen springt", das heißt zum Vergangenen, das heißt, wenn man die zukünftigen Effekte auf irgend-

eine vergangene und nicht gegenwärtige Ursache zurückführt; weil das, was vergangen ist, schon auf irgendeine Weise existiert. Das sage ich aber, insofern es getan worden ist beziehungsweise vergangen ist. Mag nämlich das Leben Caesars nicht jetzt in der Gegenwart existieren, so existiert es dennoch in der Vergangenheit. Es ist nämlich wahr, dass Caesar gelebt hat. Und so muss man nun annehmen, dass der Vordersatz eines Bedingungssatzes wahr ist, in dessen Vordersatz eine vergangene Ursache liegt, und in dessen Folgerung eine zukünftige Ursache liegt. Und so wird daraus folgen, weil man alle zukünftigen Effekte auf solche gegenwärtigen oder vergangenen Ursachen zurückführen muss, dass alle zukünftigen Ereignisse sich zwangsläufig vollziehen. So wie wir zum Beispiel sagen, dass es absolut zwangsläufig ist, dass ein Lebender sterben wird, weil es sich zwangsläufig aus etwas, das schon geschehen ist, ergibt, nämlich daraus, dass zwei einander entgegengesetzte Dinge in einem Körper durch Vermischung existieren. Dieser Bedingungssatz ist nämlich wahr: wenn irgendein Körper aus einander entgegengesetzten Dingen zusammengesetzt ist, dann wird er zugrunde gehen.

10. Das ist aber unmöglich, dass alle zukünftigen Dinge mit Notwendigkeit geschehen. Also sind auch jene beiden Annahmen unmöglich, aus denen sich dies ergab; nämlich, dass jeder beliebige Effekt eine Ursache an sich hat, und dass man, wenn man eine

Ursache annimmt, auch einen Effekt annehmen muss. Denn daraus würde folgen, was schon gesagt worden ist, dass für alle beliebigen zukünftigen Effekte irgendwelche Ursachen schon gesetzt wären. So wie es zum Beispiel für das Vergehen eines Lebewesens schon einige Ursachen gibt, die gesetzt sind. Aber dafür, dass dieser Mensch durch Krankheit oder durch Gewalt stirbt, gibt es noch keine gesetzte Ursache, aus der dies mit Notwendigkeit folgte.

11. Wenn er hierauf sagt „Es ist also klar“ führt er eine gewisse Schlussfolgerung aus dem vorher Gesagten an. Er sagt: Weil also nicht alles, was geschieht, eine Ursache an sich hat, ist klar, dass bei den kontingenten zukünftigen Ereignissen die Rückführung des zukünftigen Effektes auf eine Ursache an sich bis zu irgendeinem Prinzip fortschreitet; dieses Prinzip freilich lässt sich nicht auf irgendein Prinzip zurückführen, das noch durch sich selbst besteht, sondern es wird selbst die Ursache dessen sein „was auch immer geschieht“, das heißt es wird die verursachende Ursache sein, und jene verursachende Ursache wird keine andere Ursache haben; so wie schon zuvor gesagt worden ist, dass das akzidentielle Seiende keine Ursache und keine Erzeugung hat. Um ein Beispiel zu geben: dass dieser bestimmte Mensch von Räubern erschlagen wird, hat eine Ursache an sich, weil er dabei verwundet wird; und auch dies hat eine Ursache an sich, dass er von den Räubern gefunden wird; aber dieses letztere hat nur eine akzidentielle

Ursache. Die Tatsache nämlich, dass der, der Handel treibt, auf dem Weg zum Handelsplatz unter die Räuber fällt, geschieht auf akzidentielle Weise, wie aus dem Vorgesagten klar wird. Daher darf man dafür keine andere Ursache annehmen. Das akzidentielle Seiende nämlich hat, wie schon oben gesagt wurde, keine Erzeugung, und so darf man für seine Erzeugung keine Ursache an sich suchen.

12. Wenn er hierauf sagt „Aber“ stellt er hinsichtlich des Prinzips eine Frage, die sich aus dem Ausgeführten ergibt. Er hat nämlich oben unmittelbar gesagt, dass die Ursachen des auf akzidentielle Weise Seienden sich auf irgendein Prinzip zurückführen lässt, für das man keine andere Ursache annehmen kann. Und deshalb fragt er hier hinsichtlich dieser Zurückführung oder „Anagoge“, was dasselbe bedeutet, zu „welchem Prinzip und zu welcher Ursache hin sie sich vollziehen muss“, das heißt zu welcher Gattung von Ursache oder Prinzip: das heißt ob sie sich zu irgendeiner ersten Ursache hin vollziehen muss, die ihre Ursache ist wie zum Beispiel die Materie; oder zu irgendeiner Ursache hin, die ihre Ursache ist wie zum Beispiel das Ziel, um dessentwillen irgendetwas geschieht; oder zu irgendeiner Ursache hin, die ihre Ursache ist wie etwas, das sie bewegt. Er lässt hier aber die Formalursache beiseite, weil die Ursache für die Erzeugung der Dinge in Frage steht, die auf akzidentielle Weise entstehen. Bei der Erzeugung aber hat die Form keine Ursächlichkeit, außer durch das

Ziel. Das Ziel und die Form sind nämlich bei der Erzeugung identisch. Die hier gestellte Frage löst er aber nicht; sondern er setzt ihre Lösung von dem her voraus, was im zweiten Buche der Physik festgesetzt worden ist. Dort ist nämlich gezeigt worden, dass das Schicksal und der Zufall, die die Ursachen der akzidentiellen Geschehnisse sind, sich auf die Gattung der bewirkenden Ursache zurückführen lassen. Also schließt er aus dem Vorangeschickten, dass man es unterlassen soll, über das akzidentielle Seiende zu sprechen, weil schon in ausreichender Weise festgelegt ist, was sich darüber festlegen lässt.

13. Man muss aber beachten, dass das, was der Philosoph hier vermittelt, einige Dinge auszuschließen scheint, die in der Philosophie von anderen angenommen werden, nämlich das Schicksal und die Vorsehung. Der Philosoph will nämlich hier, dass nicht alles, was hier geschieht, sich auf eine Ursache an sich zurückführen lässt, aus der es notwendigerweise folgt; sonst würde folgen, dass alles notwendigerweise existierte und nicht aufs akzidentielle Weise in den Dingen existierte. Jene aber, die ein Schicksal annehmen, sagen, dass die kontingenten Dinge, die hier geschehen und die akzidentiell zu sein scheinen, sich auf eine Kraft eines Himmelskörpers zurückführen lassen, durch dessen Wirken die Dinge, die an sich betrachtet auf akzidentielle Weise zu geschehen scheinen, mit einer gewissen Regelhaftigkeit hervorgebracht werden. Und in ähnlicher Weise sagen jene,

die eine Vorsehung annehmen, dass die Dinge, die hier getan werden, durch die ordnende Macht der Vorsehung angeordnet sind.

14. Aus beiden Annahmen scheinen aber zwei Dinge zu folgen, die dem, was der Philosoph hier festlegt, widersprechen. Das erste ist: in den Dingen geschieht nichts auf akzidentielle Weise, weder durch das Geschick noch durch Zufall. Dinge, die nach einer bestimmten Ordnung vonstattengehen, existieren nicht auf akzidentielle Weise. Sie sind nämlich immer oder meistens. Das zweite aber ist, dass alle Dinge mit Notwendigkeit geschehen. Wenn nämlich alle Dinge mit Notwendigkeit geschehen, deren Ursache man entweder in der Gegenwart ansetzt oder deren Ursache schon in der Vergangenheit lag, wie die Überlegung des Philosophen vorgeht, man die Ursachen der Dinge aber, die dem Schicksal oder der Notwendigkeit unterliegen, in der Gegenwart ansetzt oder sie schon in der Vergangenheit angesetzt wurden, deshalb weil die Vorsehung unveränderlich und ewig ist, die Bewegung des Himmels aber unveränderlich ist: dann scheint daraus zu folgen, dass die Dinge, die der Vorsehung oder dem Schicksal unterliegen, mit Notwendigkeit geschehen. Und so folgt, wenn alles, was hier getan wird, dem Schicksal und der Vorsehung unterworfen ist, daraus, dass alles mit Notwendigkeit geschieht. Es scheint also, dass es nicht der Intention des Philosophen entspricht, eine Vorsehung oder ein Schicksal anzunehmen.

15. Um dies zu verdeutlichen muss man aber bedenken, dass, je höher irgendeine Ursache steht, sich ihre verursachende Wirkung auf umso mehr Dinge erstreckt. Die höhere Ursache hat nämlich ein eigentümliches höheres Verursachtes, das allgemeiner ist und in mehr gefunden wird. So wie in Bezug auf die Künste klar ist, dass die politische Kunst, die über der militärischen Kunst steht, sich auf die gesamte politische Gemeinschaft erstreckt. Die militärische Kunst erstreckt sich aber nur auf die, die vom militärischen Stand umfasst werden. Die Hinordnung aber, die aus irgendeiner Ursache heraus in den Effekten liegt, erstreckt sich nur so weit, wie sich die Ursächlichkeit jener Ursache erstreckt. Jede Ursache an sich hat nämlich festgelegte Effekte, die sie nach irgendeiner Ordnung hervorbringt. Es ist also klar, dass die Effekte einer Sache, wenn man sie auf irgendeine untergeordnete Ursache bezieht, keine Ordnung zu haben scheinen, sondern auf akzidentielle Weise zusammentreffen; wenn man sie aber in Bezug bringt zu einer übergeordneten allgemeinen Ursache, dann findet man, dass sie geordnet sind, und nicht auf akzidentielle Weise miteinander verbunden sind, sondern von einer Ursache an sich zugleich hervorgebracht worden sind.

16. So wie das Blühen dieser oder jener Pflanze, wenn man es auf die partikulare Kraft zurückbezieht, die in dieser oder jener Pflanze vorhanden ist, keiner Ord-

nung zu gehorchen scheint – vielmehr scheint es etwas Akzidentelles zu sein, dass, wenn diese Pflanze blüht, auch jene blüht. Und das ist deshalb so, weil die Ursache der Kraft dieser einen Pflanze sich auf das Blühen jener Pflanze erstreckt, und nicht auf das Blühen einer anderen Pflanze. Daher ist sie freilich die Ursache dafür, dass diese Pflanze blüht, nicht aber dafür, dass sie zugleich mit der anderen blüht. Wenn man es aber auf die Kraft des Himmelskörpers zurückbezieht, die die allgemeine Ursache ist, dann findet man, dass dies nicht akzidentell ist, dass diese Pflanze zugleich mit jener blüht, sondern dass es von einer ersten Ursache geordnet wurde, die dies ordnet und die beide Pflanzen zugleich zum Blühen bringt.

17. Man findet aber in den Dingen eine dreifache Stufung der Ursachen. Es gibt nämlich zuerst eine unvergängliche und unveränderliche Ursache, nämlich die göttliche; darunter gibt es als zweite eine unvergängliche, aber veränderliche Ursache, nämlich den Himmelskörper; darunter gibt es als drittes die vergänglichen und veränderlichen Ursachen. Diese Ursachen auf der dritten Stufe sind also partikular und haben gemäß ihrer einzelnen Formen festgesetzte eigene Effekte: das Feuer erzeugt nämlich das Feuer, der Mensch den Menschen, und die Pflanze die Pflanze.

18. Die Ursache der zweiten Stufe[3] aber ist auf gewisse Weise universal und auf gewisse Weise partikular. Partikular nämlich, weil sie sich auf eine festgesetzte Gattung des Seienden erstreckt, nämlich auf die Dinge, die durch eine Bewegung ins Sein gebracht werden; sie ist nämlich eine bewegende und bewegte Ursache. Universal aber, weil sich ihre Ursächlichkeit nicht nur auf eine Form der beweglichen Dinge erstreckt, sondern auf alles, was verändert wird und erzeugt und zerstört wird: denn jenes, das als erstes bewegt worden ist, ist notwendigerweise die Ursache aller Dinge, die in der Folge bewegt werden.

19. Die Ursache der ersten Stufe ist im einfachen Sinne universal: der ihr eigene Effekt ist nämlich das Sein. Von daher ist, was auch immer ist und auf welche Weise auch immer es ist, eigentümlich unter der Ursächlichkeit und der Ordnungsstiftung jener Ursache enthalten.

20. Wenn wir also das hier Kontingent nur auf die nächststehenden partikularen Ursachen zurückführen, dann findet man, dass vieles auf akzidentielle Weise geschieht, und manchmal wegen des Zusammentreffens zweier Ursachen, von denen die eine nicht unter der anderen enthalten ist, so wie zum Beispiel, wenn mir Räuber entgegenkommen, was

[3] Der zweiten Stufe ist hier nicht als Genetivus Obiectivus zu verstehen.

außerhalb meiner Intention liegt (dieses Zusammentreffen wird nämlich von einer zweifachen bewegenden Kraft verursacht, nämlich meiner und der der Räuber). Manchmal auch wegen eines Mangels im Handelnden, dem eine Schwäche zustößt, so dass er das angestrebte Ziel nicht erreichen kann; so wie zum Beispiel, wenn einer auf dem Weg vor Müdigkeit zusammenbricht. Manchmal auch wegen mangelnder Disposition der Materie, die nicht die Form aufnimmt, die der Handelnde anstrebt, sondern eine Form von anderer Art, wie das zum Beispiel bei Missgeburten von Lebewesen der Fall ist.

21. Hinsichtlich vieler dieser kontingenten Ereignisse findet man aber, wenn man sie weiter auf eine himmlische Ursache zurückführt, dass sie nicht auf akzidentielle Weise geschehen; denn wenngleich die partikularen Ursachen nicht untereinander enthalten sind, so sind sie dennoch unter der einen gemeinsamen himmlischen Ursache enthalten; daher kann ihr Zusammentreffen eine festbestimmte himmlische Ursache haben. Weil auch die Kraft des Himmelskörpers unvergänglich und leidensunfähig ist, kann kein Effekt der Sphäre ihrer Ursächlichkeit entkommen aufgrund eines Ausbleibens oder einer Schwäche ihrer Kraft. Aber weil sie durch Bewegung wirkt, und ein jedes solches wirkende Prinzip eine festbestimmte und festgesetzte Materie benötigt, kann es geschehen, dass in den natürlichen Dingen die himmlische Kraft aufgrund mangelnder Disposition der Materie

ihre Wirkung nicht erreicht; und das wird auf akzidentielle Weise geschehen.

22. Obwohl man also hinsichtlich vieler Dinge, die auf akzidentieller Weise zu existieren scheinen, wenn man sie auf die partikularen Ursachen zurückführt, finden kann, dass sie nicht auf akzidentielle Weise existieren, wenn man sie auf die allgemeine universale Ursache zurückführt, das heißt auf die himmlische Kraft, findet man dennoch auch nach dieser Zurückführung, dass einige Dinge auf akzidentielle Weise existieren, wie weiter oben vom Philosophen festgestellt worden ist. Wenn nämlich irgendein Wirkendes seinen Effekt in den meisten Fällen nach sich zieht, aber nicht immer, dann folgt daraus, dass es in einer Minderzahl von Fällen versagt, und das geschieht auf akzidentielle Weise. Wenn also die Himmelskörper ihre Wirkungen den unteren Körpern in den meisten Fällen beibringen, aber wegen der mangelnden Disposition der Materie nicht immer, dann folgt daraus, dass das auf akzidentielle Weise geschieht, dass die himmlische Kraft nicht ihren Effekt erzielt.

23. Man mag auch aus folgendem Grund finden, dass manche Dinge auf akzidentielle Weise geschehen, obwohl man sie auf einen Himmelskörper zurückführt: denn es gibt in diesen unteren Körpern einige wirkende Ursachen, die durch sich selbst ohne den Einfluss eines Himmelskörpers wirken können, nämlich die vernunftbegabten Seelen, auf die die Kraft

des Himmelskörpers keinen Einfluss hat (weil sie Formen sind, die den Körpern nicht unterworfen sind), außer zufällig auf akzidentielle Weise, insofern sich nämlich aus dem Einfluss des Himmelskörpers an dem Körper eine Veränderung ergibt, und auf akzidentielle Weise in den Kräften der Seele, die die Wirklichkeit einiger Teile des Körpers sind, von denen die vernunftbegabte Seele zum Handeln angeregt wird, wenngleich dadurch keine Notwendigkeit der Verstandesseele beigebracht wird, da sie eine freie Herrschaft über die Leidenschaften ausübt, so dass sie mit ihnen uneins sein kann. Hinsichtlich jener Dinge also, von denen man bei diesen untergeordneten Dingen findet, dass sie auf akzidentielle Weise entstehen, wenn man sie auf diese Ursachen zurückführt, das heißt auf die vernunftbegabten Seelen, insofern sie nicht der Anregung folgen, die auf den himmlischen Einfluss zurückgeht, findet man nicht, dass sie an sich durch eine Rückführung auf die Kraft eines Himmelskörpers entstehen.

24. Und so ist klar, dass die Annahme eines Schicksals, das eine gewisse Disposition darstellt, die in den untergeordneten Dingen aufgrund der Einwirkung eines Himmelskörpers steckt, nicht alles beseitigt, was auf akzidentielle Weise existiert.

25. Aber wenn man dieses Kontingente weiter auf die höchste göttliche Ursache zurückführt, dann wird man nichts finden können, das außerhalb ihrer Ord-

nung liegt, da ihre Ursächlichkeit sich auf alles erstreckt, insofern es Seiendes ist. Ihre Ursächlichkeit kann also nicht durch eine mangelnde Disposition der Materie behindert werden; weil auch die Materie selbst, und ihre Dispositionen nicht außerhalb der Ordnung jenes Bewirkenden liegen, das ein Wirkendes ist nach Weise eines Verleihers von Existenz, und nicht nur nach Weise des Bewegenden und Verändernden. Man kann nämlich nicht sagen, dass die Materie zum Sein vorausgesetzt wird, so wie sie zum Bewegt-Werden vorausgesetzt wird, nämlich als dessen Subjekt; vielmehr ist sie Teil des Wesens der Sache. So wie also die Kraft des Verändernden und Bewegenden nicht gehindert wird aus dem Wesen der Bewegung oder aus deren Zielpunkt heraus, sondern aus dem Subjekt, das vorausgesetzt wird, heraus: so wird die Kraft des das Sein Gebenden nicht gehindert von der Materie oder von jedwedem, das auf welche Weise auch immer zum Sein der Sache dazukommt. Daher ist auch klar, dass keine wirkende Ursache in diesen untergeordneten Dingen liegt, die ihrer Ordnung nicht untergeben wäre.

26. Es bleibt also nur noch, dass man hinsichtlich allem, was hier geschieht, insofern man es auf die erste göttliche Ursache zurückführt, findet, dass es geordnet ist und nicht auf akzidentielle Weise existiert; mag man auch beim Vergleich mit anderen Ursachen finden, dass es auf akzidentielle Weise existiert. Und deswegen sagt man gemäß dem katholi-

schen Glauben, dass auf der Welt nicht aufs Geratewohl oder zufällig in der Welt geschieht, und dass alles der göttlichen Vorsehung untergeben ist. Aristoteles spricht aber hier von dem Kontingenten, das hier geschieht aufgrund seiner Hinordnung auf die partikularen Ursachen, wie sein Beispiel klar macht.

27. Nun bleibt aber noch übrig zu schauen, wie die Annahme eines Schicksals und einer Vorsehung den Dingen nicht ihre Kontingenz wegnimmt, so als ob alles mit Notwendigkeit geschähe. Und hinsichtlich des Schicksals ist das schon klar durch das, was gesagt worden ist. Es ist nämlich schon gezeigt worden, dass – wenngleich die Himmelskörper und ihre Bewegungen und Handlungen, soweit es sie selbst betrifft, sich mit Notwendigkeit vollziehen – dennoch ihr Effekt auf die Dinge hier weiter unten ausbleiben kann, entweder, weil der Materie die Disposition fehlt, oder aufgrund der vernunftbegabten Seele, die die freie Wahl hat, den Neigungen, die auf den himmlischen Einfluss zurückgehen, zu folgen oder ihnen nicht zu folgen. Und so bleibt noch die Möglichkeit, dass derartige Effekte nicht mit Notwendigkeit, sondern mit Kontingenz geschehen. Die Annahme einer himmlischen Ursache ist nämlich nicht die Annahme einer solchen Ursache, aus der zwangsläufig ein Effekt resultiert, so wie sich aus der Zusammensetzung einander entgegengesetzter Stoffe der Tod eines Lebewesens ergibt, wie im Text erwähnt wird.

28. Aber hinsichtlich der Vorsehung besteht eine größere Schwierigkeit. Die göttliche Vorsehung kann sich nämlich nicht täuschen. Das sind nämlich zwei nicht miteinander vereinbare Dinge, dass irgendetwas von Gott vorgesehen sei und es nicht geschieht. Und so scheint es, dass – die Vorsehung schon vorausgesetzt – deren Wirkung mit Notwendigkeit folgt.

29. Man muss aber wissen, dass der Effekt und alle Dinge, die an sich Akzidentien dieses Effekts sind, von derselben Ursache abhängen. So wie zum Beispiel der Mensch von Natur aus existiert, so tun es auch alle seine 'an sich'-Akzidentien, wie das Lachvermögen und das Aufnahmevermögen für die geistige Wissenschaft. Wenn aber irgendeine Ursache nicht den Menschen im einfachen Sinne macht, sondern den in einer bestimmten Weise beschaffenen Menschen, dann wird es nicht zu ihr gehören, die Dinge zu konstituieren, die an sich Akzidentien des Menschen sind, sondern nur, sich ihrer zu bedienen. Der Staatswissenschaftler nämlich macht den Menschen zu einem politischen Menschen; er macht ihn dennoch nicht aufnahmefähig für die geistige Disziplin, sondern bedient sich nur dieser Eigenschaft, damit der politische Mensch entstehen kann.

30. Wie aber schon gesagt worden ist, das Seiende, insofern es ein Seiendes ist, hat als Ursache Gott selbst: daher sind so, wie das Seiende selbst der göttlichen Vorsehung unterworfen ist, auch alle Akziden-

tien des Seienden, insofern es ein Seiendes ist, ihr unterworfen, wozu das Notwendige und das Kontingente gehören. Zur göttlichen Vorsehung also gehört nicht nur, dass sie diese Seiende macht, sondern auch, dass sie ihm Kontingenz oder Notwendigkeit gibt. Demgemäß nämlich, dass sie jedem Einzelnen Kontingenz oder Notwendigkeit geben wollte, hat sie ihm mittlere Ursachen vorbereitet, aus denen es mit Notwendigkeit oder kontingent folgt. Man findet also, dass der Effekt einer jeden Sache Notwendigkeit hat, insofern er der Ordnung der göttlichen Vorsehung unterliegt. Daraus folgt, dass dieser Konditionalsatz wahr ist: „Wenn etwas von Gott vorgesehen wurde, dann wird es geschehen".

31. Insofern aber irgendein Effekt unter der Ordnung der nächsten Ursache betrachtet wird, so ist nicht jeder Effekt notwendig; sondern mancher ist notwendig und mancher kontingent in Analogie zu seiner Ursache. Die Effekte ähneln in ihren Naturen nämlich ihren nächsten Ursachen, nicht aber den entfernten Ursachen, deren Status sie nicht erreichen können.

32. So ist also klar, dass, wenn wir über die göttliche Vorsehung sprechen, man nicht nur sagen muss „Dies ist von Gott vorgesehen, dass es sei", sondern „Dies ist von Gott vorgesehen, dass es auf kontingente Weise sei oder dass es notwendigerweise sei". Aufgrund der hier angeführten Überlegung des Aristoteles folgt nicht, dass deshalb, weil man eine göttliche Vorse-

hung annimmt, alle Effekte sich mit Notwendigkeit vollziehen; sondern es ist notwendig, dass der Effekt entweder kontingent oder notwendig ist. Das ist freilich eine einzigartige Eigenschaft dieser Ursache, das heißt der göttlichen Vorsehung. Die übrigen Ursachen nämlich konstituieren nicht ein Gesetz der Notwendigkeit oder der Kontingenz, sondern bedienen sich des von der höheren Ursache konstituierten. Daher ist der Ursächlichkeit einer jeder beliebigen anderen Ursache nur untergeben, dass ihr Effekt ist. Dass es aber notwendig oder kontingent ist, das hängt von der höheren Ursache ab, die die Ursache des Seienden ist, insofern es ein Seiendes ist; aus ihr geht die Ordnung der Notwendigkeit und der Kontingenz in den Dingen hervor.

Vierte Lektion

Das Wahre und das Falsche als Sein und Nicht-Sein

1. Nachdem der Philosoph eine Feststellung hinsichtlich des akzidentiellen Seienden getroffen hat, trifft er hier eine Feststellung hinsichtlich des Seienden, das die Wahrheit einer Annahme bezeichnet; und diesbezüglich tut er zwei Dinge. Zuerst trifft er eine Festlegung, wie man von einem derartigen Seienden sprechen soll. Dann nimmt er es von der hauptsächlichen Überlegung dieser Wissenschaft aus (dort, wo es heißt: „Weil aber die Komplexität" etc.). Hinsichtlich des ersten Punktes tut er drei Dinge: zuerst zeigt er,

in welcher Form man von einem derartigen Seienden sprechen soll. Als zweites antwortet er auf eine Frage (dort, wo es heißt: „Wie aber" etc.). Als drittes beweist er etwas, das er gesagt hatte (dort, wo es heißt: „Es gibt aber in den Dingen kein wahr und falsch" etc.). Er sagt also, dass „man von einem Seienden im Sinne eines Wahren spricht", das heißt von etwas, das nichts anderes als die Wahrheit bezeichnet. Wenn wir nämlich fragen, ob der Mensch ein Lebewesen ist, lautet die Antwort, dass er es ist; dadurch wird angegeben, dass die vorausgeschickte Annahme wahr ist. Und auf dieselbe Weise bezeichnet das Nicht-Seiende gleichsam das Falsche. Wenn die Antwort nämlich lautet „er ist es nicht", dann gibt das an, dass die vorgesetzte Aussage falsch ist. Dieses Seiende aber, das man gleichsam als Wahres bezeichnet, und das Nicht-Seiende, das man gleichsam als Falsches bezeichnet, bestehen in Bezug auf Zusammensetzung und Teilung. Einfache sprachliche Ausdrücke bezeichnen nämlich weder Wahres noch Falsches; aber komplexe sprachliche Ausdrücke besitzen durch Bejahung oder Verneinung ihre Wahrheit oder Falschheit. Man bezeichnet aber hier die Bejahung als Zusammensetzung, weil sie anzeigt, dass das Prädizierte dem Subjekt innewohnt. Als Verneinung bezeichnet man aber hier die Teilung, weil sie angibt, dass das Prädizierte mit dem Subjekt nichts zu tun hat.

2. Und weil die Sprachäußerungen die Kennzeichen der Einsichten sind, muss man Ähnliches auch hinsichtlich von den Konzeptionen des Intellekts sagen. Denn die, die einfach sind, sind weder wahr noch falsch, sondern nur jene sind es, die durch die Bejahung oder Verneinung komplex sind.

3. Und weil das vorgesagte Seiende und Nicht-Seiende, das heißt das Wahre und das Falsche, in der Zusammensetzung und Teilung besteht, deshalb besteht es in ähnlicher Weise auch in Bezug auf die 'Teilung des Widerspruches'. Jeder einzelne Teil nämlich von Widersprüchen teilen unter sich wahr und falsch auf, so dass der eine Teil wahr ist und der andere Teil falsch ist. Da nämlich ein Widerspruch sich aus Bejahung und Verneinung konstituiert, beide aber aus Prädikat und Subjekt bestehen, kann es sich mit Prädikat und Subjekt auf zweifache Weise verhalten. Entweder sind sie nämlich in der Natur der Dinge verbunden, wie der Mensch und das Lebewesen; oder sie sind verschiedenes, wie der Mensch und der Esel.

4. Wenn also zwei Widersprüche gebildet werden; die eine aus miteinander verbundenen Begriffen, wie „Der Mensch ist ein Lebewesen“ und „Der Mensch ist kein Lebewesen“; die andere aus miteinander nicht verbundenen Begriffen wie „Der Mensch ist ein Esel“ und „Der Mensch ist kein Esel“, so teilen Wahr und Falsch beide Widersprüche unter sich auf, derart, dass das Wahre für seinen Teil ‚die Bejahung im Zu-

sammengesetzten', das heißt bei den verbundenen Ausdrücken, ‚hat' und ‚die Verneinung im Unverbundenen', das heißt bei den unverbundenen Ausdrücken. Diese zwei Aussagen sind nämlich wahr: „der Mensch ist ein Lebewesen" und „der Mensch ist kein Esel". Aber das Falsche hat für seinen Teil „den Widerspruch zur Aufteilung", das heißt das Widersprechende zu dem, was sich auf die Seite des Wahren schlägt. Das Falsche für seinen Teil besitzt nämlich die Verneinung im Verbundenen sowie die Bejahung im Unverbundenen. Diese beiden Aussagen sind nämlich falsch: „der Mensch ist kein Lebewesen" und „der Mensch ist ein Esel".

5. Wenn er hierauf sagt „Wie aber" beseitigt er einen Zweifel, der sich aus dem Gesagten ergeben könnte. Er hatte nämlich gesagt, dass wahr und falsch in der Zusammensetzung und Teilung bestehen, sekundär in der von der Sprache vollzogenen, primär und vorzüglich aber in der vom Intellekt vollzogenen. Jede Zusammensetzung und Teilung hat aber mit mehreren Dingen zu tun; und deshalb kann es zweifelhaft sein, wie der Intellekt diese Dinge, die zusammengestellt und geteilt werden, verstehen kann. Ob er sie nämlich alle zugleich oder getrennt verstehen kann. Aber er sagt, dass dies Stoff für andere Ausführungen ist, nämlich für das Buch „Über die Seele".

6. Und weil man das Wort „zugleich" in einem doppelten Sinn verwendet – manchmal bezeichnet es

nämlich eine Einheit, wie wir „zugleich" in einem zeitlichen Sinne verwenden hinsichtlich von etwas, das in einem und demselben Augenblick existiert; manchmal aber bezeichnet es eine Verbindung und Nachbarschaft von Dingen, die aufeinanderfolgen, so wie wir sagen, dass zwei Menschen im örtlichen Sinne „zugleich" irgendwo sind, deren Aufenthaltsorte miteinander verbunden und nahe beieinander sind, und im zeitlichen Sinne sagen wir das von Dingen, die zeitlich aufeinanderfolgen –, deshalb legt er hier die gestellte Frage aus, mit der er gefragt hatte, ob der Intellekt zugleich oder getrennt das einsieht, was zusammengesetzt und geteilt wird, indem er sagt, dass er das ‚zugleich' nicht in dem Sinne versteht, insofern es von einigem heißt, es sei zugleich, da es aufeinanderfolgt, sondern demgemäß es von einigem heißt, es sei zugleich in dem, was etwas Eines wird.

7. Und hierin wird die Lösung für die Frage nahegelegt. Wenn nämlich der Intellekt einen Menschen oder ein Lebewesen jeweils an sich versteht, so wie sie zweierlei sind, dann hat er in Aufeinanderfolge Einsicht in sie mit zwei einfachen Konzepten, aus denen er keine Bejahung oder Verneinung bildet. Wenn er aber aus ihnen eine Zusammensetzung beziehungsweise eine Teilung bildet, versteht er sie beide wie ein Ding, insofern nämlich aus ihnen Eines entsteht. So wie auch der Intellekt die Teile eines jeden Ganzen wie Eines versteht, indem er das Ganze selbst versteht. Er versteht nämlich nicht das Haus,

indem er zunächst sein Fundament versteht und danach die Wände und danach das Dach; sondern er versteht alle diese Dinge zugleich, insofern aus ihnen Eines entsteht. Auf ähnliche Weise versteht er das Prädizierte und das Subjekt zugleich, insofern aus ihnen Eines entsteht, nämlich Bejahung oder Verneinung.

8. Wenn er hierauf sagt „Es ist aber nicht") beweist er etwas, das er gesagt hatte, nämlich, dass wahr und falsch in der Zusammensetzung und Teilung bestehen. Das beweist er auf dem Wege einer Unterteilung. Von den Dingen nämlich, die man sprachlich ausdrückt, liegen manche in den Dingen außerhalb der Seele, manche aber nur in der Seele. Weiß und Schwarz liegen nämlich außerhalb der Seele; aber ihre Begriffe liegen nur in der Seele. Man könnte nämlich glauben, dass wahr und falsch auch in den Dingen liegen wie Gut und Böse; so, dass das Wahre etwas Gutes wäre und das Falsche etwas Böses. So müsste das nämlich sein, wenn wahr und falsch in den Dingen lägen. Das Wahre nämlich bezeichnet einen gewissen Vollendungsgrad der Natur, das Falsche aber einen Mangel. Jede Vollendung aber, die in den Dingen besteht, hat mit der Vollendung und der Güte der Natur zu tun, der Mangel aber und die Privation mit ihrer schlechten Verfassung.

9. Aber das verneint er selbst, indem er sagt, dass wahr und falsch nicht in den Dingen liegen, so dass

das, was von der Seite des Verstandes her wahr ist, ein Gut der Natur ist, und das Falsche ein Übel ist; sondern sie „sind nur im Geist“, das heißt im Intellekt.

10. Der Intellekt hat nun aber zwei Betätigungen, deren eine die Einsicht in das Unteilbare genannt wird, durch welche der Intellekt die einfachen Konzepte der Dinge bildet, indem er die Essenz einer jeden einzelnen Sache einsieht. Seine andere Betätigung ist die, durch welche er zusammensetzt und teilt.

11. Wahr und falsch aber sind, auch wenn sie im Geist liegen, dennoch nicht in jener geistigen Operation verortet, mit der der Intellekt seine einfachen Konzepte formt, und mit der Essenz der Dinge. Und das ist es, was er mit den Worten meint, dass „wahr und falsch in Bezug auf Einfaches und die Essenz nicht im Geiste liegen“. Daher ergibt sich aus dem Argument der Unterteilung, dass, da wahr und falsch weder in den Dingen liegen noch im Geiste betreffs des Einfachen und der Essenz, sie zuerst und vorzüglich zu der Zusammensetzung und der Teilung gehören, die der Geist vollzieht, und sekundär zu der von der Sprache vollzogenen, die das Konzept des Geistes ausdrückt. Und ferner schließt er, dass man „alles, was hinsichtlich des auf diese Weise besagten Seienden und des Nichtseienden zu bedenken ist“, nämlich insofern das Seiende das Wahre bezeichnet und das Nicht-Seiende

das Falsche, „später untersucht werden muss“, nämlich am Ende des neunten Buches und im Buch „Über die Seele“, und in den Schriften über die Logik. Die ganze Logik scheint sich nämlich mit dem auf diese Weise bezeichneten Seienden und Nicht-Seienden zu beschäftigen.

12. Man muss aber wissen, dass – weil eine jede Erkenntnis dadurch zur Vollendung kommt, dass ein Gleichnis der erkannten Sache im Erkennenden ist – so wie die Vollendung der erkannten Sache darin besteht, dass sie eine solche Form besitzt, durch sie eine solche Sache ist, so die Vollendung der Erkenntnis darin besteht, dass es ein Gleichnis der vorgenannten Form besitzt. Deshalb aber, weil die erkannte Sache die ihr geschuldete Form besitzt, sagt man, dass sie gut ist; und deshalb, weil sie einen Mangel aufweist, sagt man, dass sie schlecht ist. Und auf dieselbe Weise sagt man, weil das Erkennende ein Gleichnis der erkannten Sache besitzt, dass es eine wahre Erkenntnis besitze. Daher aber, weil es hinter einem solchen Gleichnis zurückbleibt, sagt man, es habe eine falsche Erkenntnis. So wie also Gut und Böse Vollendungsgrade angeben, die in den Dingen liegen, so bezeichnen wahr und falsch Vollendungsgrade der Erkenntnis.

13. Mag es aber auch in der sinnenhaften Erkenntnis ein Gleichnis der wahrgenommenen Sache geben können, obliegt es dennoch nicht des Sinnes, den

Charakter dieses Gleichnisses zu erkennen, sondern nur dem Intellekt. Und deshalb erkennt – mögen auch die Sinne einen wahren Eindruck vom sinnlich Wahrnehmbaren vermitteln können – dennoch nicht der Sinn die Wahrheit, sondern nur der Intellekt; und deshalb sagt man, dass wahr und falsch im Geiste liegen.

14. Der Intellekt besitzt aber bei sich ein Gleichnis der mit dem Intellekt erfassten Sache, demgemäß, dass er die Begriffe des Inkomplexen erfasst; allerdings beurteilt er deshalb nicht eben das Gleichnis, sondern nur, wenn er zusammensetzt und teilt. Wenn nämlich der Intellekt das, was da ist 'vernunftbegabtes sterbliches Lebewesen', konzipiert, hat er bei sich das Gleichnis des Menschen. Aber er erkennt deshalb nicht, dass er dieses Gleichnis besitzt, weil er nicht urteilt, dass der Mensch ein vernunftbegabtes sterbliches Lebewesen ist. Und deshalb liegen Wahrheit und Falschheit nur in dieser zweiten Verstandesoperation, durch die der Intellekt nicht nur ein Gleichnis der erkannten Sache besitzt, sondern auch über das Gleichnis selbst reflektiert, indem er es erkennt und es beurteilt. Daher ist also klar, dass die Wahrheit nicht in den Dingen liegt, sondern nur im Geiste, und auch in der Zusammensetzung und Teilung.

15. Und wenn man von einer Sache oder einer Definition sagt, sie sei manchmal falsch, dann wird das in Bezug auf Bejahung und Verneinung so sein. Man

nennt nämlich eine Sache falsch, wie am Ende des fünften Buches festgestellt wurde, entweder, weil sie überhaupt nicht ist (zum Beispiel eine kommensurable Diagonale), oder weil sie freilich ist, jedoch geeignet, dazu geboren ist, anders zu erscheinen, als sie ist. Und in ähnlicher Weise nennt man eine Definition falsch, entweder, weil sie zu keiner Sache passt, oder weil sie auf eine andere Sache angewandt wird als auf die, zu der sie gehört. Bei allen diesen Redeweisen ist nämlich klar, dass man in Bezug auf Dinge oder auf Definitionen das Wort falsch im Sinne einer falschen Aussage über sie verwendet.

16. Und ähnlich ist es auch hinsichtlich des Wahren klar. Denn man nennt eine Sache wahr, wenn sie eine ihr eigene Form hat, von der man zeigt, dass sie ihr innewohnt. Und eine wahre Definition ist eine, die der Sache, die sie bezeichnet, wirklich zukommt.

17. Es ist auch klar, dass nichts verbietet, dass das Wahre ein Gut sei, insofern man den erkennenden Intellekt wie irgendeine Sache ansieht. So wie man nämlich jede beliebige andere Sache aufgrund ihrer Vollendung gut nennt, so wird der erkennende Intellekt aufgrund seiner Wahrheit gut genannt.

18. Es ist aber aus dem hier Gesagten klar, dass wahr und falsch, die die Objekte der Erkenntnis sind, im Geiste liegen. Das Gute und das Böse aber, die Objekte des Strebevermögens sind, liegen in den Dingen.

Ebenso ist klar, dass, so wie die Erkenntnis dadurch zur Vollendung kommt, dass die erkannten Dinge im Erkennenden liegen, so jedes Strebevermögen zur Vollendung kommt durch die Ausrichtung des Strebenden auf die erstrebenswerten Dinge.

19. Wenn er hierauf sagt „weil aber" schließt er das wahre Seiende und das akzidentielle Seiende von der hauptsächlichen Überlegung dieser Lehre aus. Er sagt, dass die Zusammensetzung und die Teilung, in denen es ein wahr und falsch gibt, im Geiste liegt, und nicht in den Dingen. Man findet freilich auch in den Dingen eine Zusammensetzung; aber eine solche Zusammensetzung bedingt eine Sache, welche der Intellekt aufnimmt als ein Eines mit einem einfachen Konzept. Aber jene Zusammensetzung oder Teilung, mit der der Intellekt seine Konzepte verbindet oder auseinandernimmt, liegt nur im Intellekt und nicht in den Dingen. Sie besteht nämlich in einem Vergleich von zwei Konzepten; diese können in der Realität identisch oder verschieden sein. Der Intellekt bedient sich nämlich manchmal Eines als wären es ein Zweifaches, wenn er eine Zusammensetzung bildet; so wie man zum Beispiel sagt, ein Mensch ist ein Mensch: daher ist klar, dass eine solche Zusammensetzung nur im Intellekt und nicht in den Dingen existiert. Und deshalb ist jenes, was so Seiendes ist wie das in solcher Zusammensetzung Bestand habende Wahre, verschieden von dem Seienden im eigentlichen Sinne, bei dem es sich um Dinge handelt, die außerhalb der

Seele existieren, und von denen ein jedes ist „entweder was ein Ding ist", das heißt seine Substanz, oder ein „wie beschaffen", oder ein „wie viel", oder etwas nicht Zusammengesetzes, die der Geist zusammensetzt oder auseinandernimmt.

20. Und deshalb muss man beides beiseitelassen: nämlich das akzidentielle Seiende und das Seiende, das das Wahre bezeichnet. Denn die Ursache des einen, das heißt des akzidentiellen Seienden, ist nicht festgesetzt, und fällt deshalb nicht in das Aufgabengebiet der Kunst, wie schon gezeigt worden ist. Die Ursache des anderen aber, das heißt des Wahr-Seienden, ist ein „gewisses Affiziert-Werden des Geistes", das heißt eine Operation des zusammensetzenden und teilenden Intellekts. Und deshalb gehört sie zur Wissenschaft vom Intellekt.

21. Und ein anderer Grund dafür ist, dass „beides", nämlich das Wahr-Seiende und das akzidentielle Seiende, es mit irgendeiner Gattung des Seienden zu tun haben, nicht mit dem einfach an sich Seienden, das in den Dingen liegt; und sie zeigen auch nicht irgendeine andere Natur des Seienden, die außerhalb des an sich Seienden existiert. Es ist nämlich klar, dass das akzidentielle Seiende aus dem Zusammentreffen von entsprechend akzidentiell außerhalb der Seele Seiendem heraus besteht, das jeweils an sich existiert. So wie – wenngleich das Grammatische-Musikalische akzidentiell ist – dennoch sowohl das

Grammatische als auch das Musikalische ein Seiendes an sich ist, da beides, für sich genommen, eine bestimmte Ursache hat. Und ähnlich macht der Intellekt Zusammensetzung und Teilung in Bezug auf Dinge, welche unter den Kategorien enthalten sind.

22. Wenn man daher jene Gattung des Seienden, das in der Kategorie enthalten ist, ausreichend bestimmt, dann wird auch Klarheit hinsichtlich des akzidentiellen Seienden entstehen und hinsichtlich des wahren Seienden. Und deshalb lässt man derartiges Seiendes beiseite. Aber man muss die Ursachen und Prinzipien eben jenes Seienden untersuchen, das als ein an sich solches bezeichnet wird, insofern es ein Seiendes ist. Über welches schon offenkundig ist aus dem, was wir im fünften Buch bestimmt haben – wo gesagt worden ist, wie oft ein jeder solcher Name gesagt wird –, dass ‚das Seiende auf vielfache Weise gesagt wird', so wie unten zu Beginn des siebenten Buches fortgefahren werden wird.

Sancti Thomae de Aquino

Sententia libri Metaphysicae

Liber VI

Sancti Thomae de Aquino Sententia libri Metaphysicae

Liber VI

Lectio 1

1 Postquam philosophus in quarto huius ostendit, quod haec scientia considerat de ente et de uno, et de his quae consequuntur ad ens inquantum huiusmodi, et quod omnia ista dicuntur multipliciter, et in quinto huius eorum multiplicitatem distinxit, hic incipit de ente determinare, et de aliis quae consequuntur ad ens. Dividitur autem pars ista in duas. In prima ostendit per quem modum haec scientia debet determinare de ente. In secunda incipit de ente determinare, scilicet in principio septimi, ibi, ens dicitur multipliciter. Prima pars dividitur in duas. In prima ostendit modum tractandi de entibus, qui competit huic scientiae per differentiam ad alias scientias. In secunda removet a consideratione huius scientiae ens aliquibus modis dictum, secundum quos modos ens non intenditur principaliter in hac scientia, ibi, sed quoniam ens simpliciter. Prima autem pars dividitur in duas. In prima parte ostendit differentiam huius scientiae ad alias, per hoc, quod considerat principia entis inquantum est ens. Secundo, quantum

ad modum tractandi de huiusmodi principiis, ibi, quoniam vero physica. Circa primum duo facit.

2 Primo ostendit quomodo haec scientia convenit cum aliis in consideratione principiorum; dicens, quod ex quo ens est subiectum in huiusmodi scientia, ut in quarto ostensum est, et quaelibet scientia debet inquirere principia et causas, sui subiecti, quae sunt eius inquantum huiusmodi, oportet quod in ista scientia inquirantur principia et causae entium, inquantum sunt entia. Ita etiam est et in aliis scientiis. Nam sanitatis et convalescentiae est aliqua causa, quam quaerit medicus. Et similiter etiam mathematicorum sunt principia et elementa et causae, ut figurae et numeri et aliarum huiusmodi quae perquirit mathematicus. Et universaliter omnis scientia intellectualis qualitercumque participet intellectum: sive sit solum circa intelligibilia, sicut scientia divina; sive sit circa ea quae sunt aliquo modo imaginabilia, vel sensibilia in particulari, in universali autem intelligibilia, et etiam sensibilia prout de his est scientia, sicut in mathematica et in naturali; sive etiam ex universalibus principiis ad particularia procedant, in quibus est operatio, sicut in scientiis practicis: semper oportet quod talis scientia sit circa causas et principia.

3 Quae quidem principia aut sunt certiora quo ad nos sicut in naturalibus, quia sunt propinquiora

sensibilibus, aut simpliciora et priora secundum naturam, sicut est in mathematicis. Cognitiones autem quae sunt sensitivae tantum, non sunt per principia et causas, sed per hoc quod ipsum sensibile obiicitur sensui. Discurrere enim a causis in causata vel e contrario, non est sensus, sed solum intellectus. Vel certiora principia dicit ea quae sunt magis nota et exquisita. Simplicia autem ea, quae magis superficialiter exquiruntur, sicut est in scientiis moralibus, quorum principia sumuntur ex his quae sunt ut in pluribus.

4 Secundum ibi, sed et omnes ostendit differentiam aliarum scientiarum ad istam quantum ad considerationem principiorum et causarum; dicens, quod omnes istae scientiae particulares, de quibus nunc facta est mentio, sunt circa unum aliquod particulare genus entis, sicut circa numerum vel magnitudinem, aut aliquid huiusmodi. Et tractat unaquaeque circumscripte de *suo genere subiecto*, idest ita de isto genere, quod non de alio: sicut scientia quae tractat de numero, non tractat de magnitudine. Nulla enim earum determinat *de ente simpliciter*, idest de ente in communi, nec etiam de aliquo particulari ente inquantum est ens. Sicut arithmetica non determinat de numero inquantum est ens, sed inquantum est numerus. De quolibet enim ente inquantum est ens, proprium est metaphysici considerare.

5 Et, quia eiusdem est considerare de ente inquantum est ens, *et de eo quod quid est*, idest de quidditate rei, quia unumquodque habet esse per suam quidditatem, ideo etiam aliae scientiae particulares *nullam mentionem*, idest determinationem faciunt de eo *quod quid est*, idest de quidditate rei, et de definitione, quae ipsam significat. Sed *ex hoc*, idest ex ipso quod quid est ad alia procedunt, utentes eo quasi demonstrato principio ad alia probanda.

6 Ipsum autem quod quid est sui subiecti aliae scientiae faciunt esse manifestum per sensum; sicut scientia, quae est de animalibus, accipit quid est animal per id quod *apparet sensui*, idest per sensum et motum, quibus animal a non animali discernitur. Aliae vero scientiae accipiunt quod quid est sui subiecti, per suppositionem ab aliqua alia scientia, sicut geometria accipit quid est magnitudo a philosopho primo. Et sic ex ipso quod quid est noto per sensum vel per suppositionem, demonstrant scientiae proprias passiones, quae secundum se insunt generi subiecto, circa quod sunt. Nam definitio est medium in demonstratione propter quid. Modus autem demonstrationis est diversus; quia quaedam demonstrant magis necessarie, sicut mathematicae scientiae, quaedam *vero infirmius*, idest non de necessitate; sicut scientiae naturales, in quibus multae demonstrationes sumuntur ex his quae non semper insunt, sed frequenter.

7 Alia translatio habet loco *suppositionis, conditionem*. Et est idem sensus. Nam quod supponitur, quasi ex conditione accipitur: et quia principium demonstrationis est definitio, palam est ex tali inductione, quod demonstratio *non est de substantia rei*, idest de essentia eius; nec de definitione, quae significat quid est res; sed est aliquis alius modus, quo definitiones ostenduntur; scilicet divisione, et aliis modis, qui ponuntur in secundo posteriorum.

8 Et sicut nulla scientia particularis determinat quod quid est, ita etiam nulla earum dicit de genere subiecto, circa quod versatur, est, aut non est. Et hoc rationabiliter accidit; quia eiusdem scientiae est determinare quaestionem an est, et manifestare quid est. Oportet enim quod quid est accipere ut medium ad ostendendum an est. Et utraque est consideratio philosophi, qui considerat ens inquantum ens. Et ideo quaelibet scientia particularis supponit de subiecto suo, quia est, et quid est, ut dicitur in primo posteriorum; et hoc est signum, quod nulla scientia particularis determinat de ente simpliciter, nec de aliquo ente inquantum est ens.

9 Deinde cum dicit quoniam vero ostendit differentiam huius scientiae ad alias, quantum ad modum considerandi principia entis inquantum est ens. Et quia ab antiquis scientia naturalis credebatur esse prima scientia, et quae consideraret ens inquantum

est ens, ideo ab ea, quasi a manifestiori incipiens, primo ostendit differentiam scientiae naturalis a scientiis practicis. Secundo differentiam eius a scientiis speculativis, in quo ostenditur modus proprius considerationis huius scientiae, ibi, oportet autem quod quid erat esse. Dicit ergo primo, quod scientia naturalis non est circa ens simpliciter, sed circa quoddam genus entis; scilicet circa substantiam naturalem, quae habet in se principium motus et quietis: et ex hoc apparet quod neque est activa, neque factiva. Differunt enim agere et facere: nam agere est secundum operationem manentem in ipso agente, sicut est eligere, intelligere et huiusmodi: unde scientiae activae dicuntur scientiae morales. Facere autem est secundum operationem, quae transit exterius ad materiae transmutationem, sicut secare, urere, et huiusmodi: unde scientiae factivae dicuntur artes mechanicae.

10 Quod autem scientia naturalis non sit factiva, patet; quia principium scientiarum factivarum est in faciente, non in facto, quod est artificiatum; sed principium motus rerum naturalium est in ipsis rebus naturalibus. Hoc autem principium rerum artificialium, quod est in faciente, est primo intellectus, qui primo artem adinvenit; et secundo ars, quae est habitus intellectus; et tertio aliqua potentia exequens, sicut potentia motiva, per quam artifex

exequitur conceptionem artis. Unde patet, quod scientia naturalis non est factiva.

11 Et per eamdem rationem patet quod non est activa. Nam principium activarum scientiarum est in agente, non in ipsis actionibus, sive moribus. Hoc autem principium *est prohaeresis*, idest electio. Idem enim est agibile et eligibile. Sic ergo patet, quod naturalis scientia non sit activa neque factiva.

12 Si igitur omnis scientia est aut activa, aut factiva, aut theorica, sequitur quod naturalis scientia theorica sit. Ita tamen *est theorica*, idest speculativa circa determinatum genus entis, quod scilicet est possibile moveri. Ens enim mobile est subiectum naturalis philosophiae. Et est solum circa *talem substantiam*, idest quidditatem et essentiam rei, quae secundum rationem non est separabilis a materia, ut in pluribus; et hoc dicit propter intellectum, qui aliquo modo cadit sub consideratione naturalis philosophiae, et tamen substantia eius est separabilis. Sic patet, quod naturalis scientia est circa determinatum subiectum, quod est ens mobile; et habet determinatum modum definiendi, scilicet cum materia.

13 Deinde cum dicit oportet autem hic ostendit differentiam naturalis scientiae ad alias speculativas quantum ad modum definiendi: et circa hoc duo facit. Primo ostendit differentiam praedictam. Secundo

concludit numerum scientiarum theoricarum, ibi quare. Circa primum tria facit. Primo ostendit modum proprium definiendi naturalis philosophiae; dicens, quod ad cognoscendum differentiam scientiarum speculativarum adinvicem, oportet non latere quidditatem rei, et *rationem* idest definitionem significantem ipsam, quomodo est assignanda in unaquaque scientia. Quaerere enim differentiam praedictam *sine hoc*, idest sine cognitione modi definiendi, nihil facere est. Cum enim definitio sit medium demonstrationis, et per consequens principium sciendi, oportet quod ad diversum modum definiendi, sequatur diversitas in scientiis speculativis.

14 Sciendum est autem, quod eorum quae diffiniuntur, quaedam definiuntur sicut definitur simum, quaedam sicut definitur concavum; et haec duo differunt, quia definitio simi est accepta cum materia sensibili. Simum enim nihil aliud est quam nasus curvus vel concavus. Sed concavitas definitur sine materia sensibili. Non enim ponitur in definitione concavi vel curvi aliquod corpus sensibile, ut ignis aut aqua, aut aliquod corpus huiusmodi. Dicitur enim concavum, cuius medium exit ab extremis.

15 Omnia autem naturalia simili modo definiuntur sicut simum, ut patet in partibus animalis tam dissimilibus, ut sunt nasus, oculus et facies, quam

similibus, ut sunt caro et os; et etiam in toto animali. Et similiter in partibus plantarum quae sunt folium, radix et cortex; et similiter in tota planta. Nullius enim praedictorum definitio potest assignari sine motu: sed quodlibet eorum habet materiam sensibilem in sui definitione, et per consequens motum. Nam cuilibet materiae sensibili competit motus proprius. In definitione enim carnis et ossis, oportet quod ponatur calidum et frigidum aliquo modo contemperatum; et similiter in aliis. Et ex hoc palam est quis est modus inquirendi quidditatem rerum naturalium, et definiendi in scientia naturali, quia scilicet cum materia sensibili.

16 Et propter hoc etiam de anima, quaedam speculatur naturalis, quaecumque scilicet non definitur sine materia sensibili. Dicitur enim in secundo de anima, quod anima est actus primus corporis physici organici potentia vitam habentis. Anima autem secundum quod non est actus talis corporis non pertinet ad considerationem naturalis, si qua anima potest a corpore separari. Manifestum est ergo ex praedictis quod physica est quaedam scientia theorica, et quod habet determinatum modum definiendi.

17 Secundo ibi, sed est et mathematica ostendit modum proprium mathematicae; dicens quod etiam mathematica est quaedam scientia theorica. Constat enim, quod neque est activa, neque factiva; cum

mathematica consideret ea quae sunt sine motu, sine quo actio et factio esse non possunt. Sed utrum illa de quibus considerat mathematica scientia, sint mobilia et separabilia a materia secundum suum esse, adhuc non est manifestum. Quidam enim posuerunt numeros et magnitudines et alia mathematica esse separata et media inter species et sensibilia, scilicet Platonici, ut in primo et tertio libro habitum est; cuius quaestionis veritas nondum est ab eo perfecte determinata; determinabitur autem infra.

18 Sed tamen hoc est manifestum, quod scientia mathematica speculatur quaedam inquantum sunt immobilia et inquantum sunt separata a materia sensibili, licet secundum esse non sint immobilia vel separabilia. Ratio enim eorum est sine materia sensibili, sicut ratio concavi vel curvi. In hoc ergo differt mathematica a physica, quia physica considerat ea quorum definitiones sunt cum materia sensibili. Et ideo considerat non separata, inquantum sunt non separata. Mathematica vero considerat ea, quorum definitiones sunt sine materia sensibili. Et ideo, etsi sunt non separata ea quae considerat, tamen considerat ea inquantum sunt separata.

19 Tertio ibi, si vero est ostendit modum proprium scientiae huius; dicens quod, si est aliquid immobile secundum esse, et per consequens sempiternum et separabile a materia secundum esse, palam est, quod

eius consideratio est theoricae scientiae, non activae vel factivae, quarum consideratio est circa aliquos motus. Et tamen consideratio talis entis non est physica. Nam physica considerat de quibusdam entibus, scilicet de mobilibus. Et similiter consideratio huius entis non est mathematica; quia mathematica non considerat separabilia secundum esse, sed secundum rationem, ut dictum est. Sed oportet quod consideratio huius entis sit alterius scientiae prioris ambabus praedictis, scilicet physica et mathematica.

20 Physica enim est circa inseparabilia et mobilia, et mathematica quaedam circa immobilia, quae tamen non sunt separata a materia secundum esse, sed solum secundum rationem, secundum vero esse sunt in materia sensibili. Dicit autem *forsan*, quia haec veritas nondum est determinata. Dicit autem quasdam mathematicas esse circa immobilia, sicut geometriam et arithmeticam; quia quaedam scientiae mathematicae applicantur ad motum sicut astrologia. Sed prima scientia est circa separabilia secundum esse, et quae sunt omnino immobilia.

21 Necesse vero est communes causas esse sempiternas. Primas enim causas entium generativorum oportet esse ingenitas, ne generatio in infinitum procedat; et maxime has, quae sunt omnino immobiles et immateriales. Hae namque causae immateriales et immobiles sunt causae sensibilibus

manifestis nobis, quia sunt maxime entia, et per consequens causae aliorum, ut in secundo libro ostensum est. Et per hoc patet, quod scientia quae huiusmodi entia pertractat, prima est inter omnes, et considerat communes causas omnium entium. Unde sunt causae entium secundum quod sunt entia, quae inquiruntur in prima philosophia, ut in primo proposuit. Ex hoc autem apparet manifeste falsitas opinionis illorum, qui posuerunt Aristotelem sensisse, quod Deus non sit causa substantiae caeli, sed solum motus eius.

22 Advertendum est autem, quod licet ad considerationem primae philosophiae pertineant ea quae sunt separata secundum esse et rationem a materia et motu, non tamen solum ea; sed etiam de sensibilibus, inquantum sunt entia, philosophus perscrutatur. Nisi forte dicamus, ut Avicenna dicit, quod huiusmodi communia de quibus haec scientia perscrutatur, dicuntur separata secundum esse, non quia semper sint sine materia; sed quia non de necessitate habent esse in materia, sicut mathematica.

23 Deinde cum dicit quare tres concludit numerum scientiarum theoricarum; et circa hoc tria facit. Primo concludit ex praemissis, quod tres sunt partes philosophiae theoricae, scilicet mathematica, physica et theologia, quae est philosophia prima.

24 Deinde cum dicit non enim secundo assignat duas rationes quare haec scientia dicatur theologia. Quarum prima est, quia *manifestum est, quod si alicubi*, idest in aliquo genere rerum existit aliquod divinum, quod existit in tali natura, scilicet entis immobilis et a materia separati, de quo considerat ista scientia.

25 Deinde cum dicit et honorabilissimam secundam rationem ponit quae talis est. Honorabilissima scientia est circa honorabilissimum genus entium, in quo continentur res divinae: ergo, cum haec scientia sit honorabilissima inter omnes, quia est honorabilior theoricis, ut prius ostensum est,- quae quidem sunt honorabiliores practicis, ut in primo libro habitum est -, manifestum est, quod ista scientia est circa res divinas; et ideo dicitur theologia, quasi sermo de divinis.

26 Deinde cum dicit dubitabit autem tertio movetur quaedam quaestio circa praedeterminata: et primo movet eam, dicens, quod aliquis potest dubitare, utrum prima philosophia sit universalis quasi considerans ens universaliter, aut eius consideratio sit circa aliquod genus determinatum et naturam unam. Et hoc non videtur. Non enim est unus modus huius scientiae et mathematicarum; quia geometria et astrologia, quae sunt mathematicae, sunt circa aliquam naturam determinatam; sed philosophia prima est universaliter communis omnium. Et tamen e

converso videtur, quod sit alicuius determinatae naturae, propter hoc quod est separabilium et immobilium, ut dictum est.

27 Deinde cum dicit si igitur secundo solvit, dicens quod si non est aliqua alia substantia praeter eas quae consistunt secundum naturam, de quibus est physica, physica erit prima scientia. Sed, si est aliqua substantia immobilis, ista erit prior substantia naturali; et per consequens philosophia considerans huiusmodi substantiam, erit philosophia prima. Et quia est prima, ideo erit universalis, et erit eius speculari de ente inquantum est ens, et de eo quod quid est, et de his quae sunt entis inquantum est ens: eadem enim est scientia primi entis et entis communis, ut in principio quarti habitum est.

Lectio 2

1 Hic ostendit de quibus entibus principaliter haec scientia tractare intendit; et circa hoc tria facit. Primo repetit modos quibus aliquid dicitur ens. Secundo determinat naturam entis secundum duos modos de quibus principaliter non intendit, ibi, quoniam itaque multipliciter dicitur ens. Tertio ostendit quod de his modis entis principaliter non intendit, ibi, quoniam autem complexio. Dicit ergo primo, quod ens simpliciter, idest universaliter dictum, dicitur

multipliciter, ut in quinto est habitum. Uno modo dicitur aliquid ens secundum accidens. Alio modo dicitur ens, idem quod verum propositionis; et non ens, idem quod falsum. Tertio modo dicitur ens quod continet sub se figuras praedicamentorum, ut quid, quale, quantum et cetera. Quarto modo praeter praedictos omnes, quod dividitur per potentiam et actum.

2 Deinde cum dicit quoniam itaque determinat de modis entis quos praetermittere intendit. Et primo de ente per accidens. Secundo de ente quod est idem quod verum, ibi, quod autem ut verum et cetera. Circa primum duo facit. Primo ostendit quod de ente per accidens non potest esse aliqua scientia. Secundo determinat ea quae sunt consideranda circa ens per accidens, ibi, attamen dicendum est et cetera. Dicit ergo primo, quod, cum ens multipliciter dicatur, ut dictum est, primo dicendum est de ente per accidens; ut quod minus habet de ratione entis, primo a consideratione huius scientiae excludatur. Hoc autem dicendum est de eo, quod nulla speculatio cuiuscumque scientiae potest esse circa ipsum. Et hoc probat dupliciter.

3 Primo per signum; dicens, signum esse huius quod de ente per accidens non possit esse speculatio, quia nulla scientia *quantumcumque sit studiosa* aut *meditativa*, ut alia translatio habet, idest diligenter inquisitiva eorum

quae ad ipsam pertinent, invenitur esse de ente per accidens. Sed nec etiam practica quae dividitur per activam et factivam, ut supra dictum est, neque scientia theorica.

4 Et hoc manifestat primo in practicis scientiis, quia ille qui facit domum, si facit eam, non facit ea quae insunt domui factae, nisi per accidens, cum illa sint infinita, et sic non possunt cadere sub arte. Nihil enim prohibet domum factam esse istis *voluptuosam*, idest delectabilem, illis scilicet qui in ea prospere vivunt: aliis autem *nocivam* qui scilicet occasione domus aliquod detrimentum incurrunt. Et aliis *utilem* qui in domo aliquod emolumentum conquirunt, et etiam esse alteram et dissimilem omnibus entibus. Nullius autem eorum, quae per accidens insunt domui, factiva est ars aedificativa; sed solum est factiva domus, et eorum quae per se insunt domui.

5 Et deinde ostendit idem in scientiis speculativis: quia simili modo nec geometria speculatur ea quae sunt accidentia *figuris sic*, idest per accidens, sed solum illa quae accidunt figuris per se. Speculatur enim hoc quod triangulus est habens *duos rectos*, idest tres angulos aequales duobus rectis; sed non speculatur, si aliquid alterum, utputa lignum vel aliquid huiusmodi, est trigonum. Haec enim per accidens conveniunt triangulo.

6 Secundo ibi, et hoc probat idem per rationem; dicens, quod rationabiliter hoc accidit quod scientia non speculatur de ente per accidens; quia scientia speculatur de his quae sunt entia secundum rem; ens autem secundum accidens est ens quasi solo nomine, inquantum unum de alio praedicatur. Sic enim unumquodque est ens inquantum unum est. Ex duobus autem, quorum unum accidit alteri, non fit unum nisi secundum nomen; prout scilicet unum de altero praedicatur, ut cum musicum dicitur esse album, aut e converso. Non autem ita, quod aliqua res una constituatur ex albedine et musico.

7 Unde Plato quod autem ens per accidens sit quasi solo nomine ens, probat dupliciter. Primo per auctoritatem Platonis. Secundo per rationem. Secunda ibi, palam autem et cetera. Dicit ergo, quod propter hoc quod ens per accidens quodammodo est ens solo nomine, ideo Plato quodammodo non male fecit cum ordinando diversas scientias circa diversa substantia, ordinavit scientiam sophisticam circa non ens. Rationes enim sophisticorum maxime sunt circa accidens. Secundum enim fallaciam accidentis fiunt maxime latentes paralogismi.

8 Et ideo dicitur in primo elenchorum, quod secundum accidens faciunt syllogismos contra sapientes; ut patet in istis paralogismis, in quibus dubitatur utrum diversum an idem sit musicum et grammaticum. Ut

fiat talis paralogismus. Musicum est aliud a grammatico; musicum autem est grammaticum, ergo musicum est alterum a se. Musicum enim est aliud a grammatico, per se loquendo; sed musicus est grammaticus per accidens. Unde non est mirum si sequitur inconveniens, non distincto quod est per accidens ab eo quod est per se. Et similiter si sic dicatur: Coriscus est alterum a Corisco musico: sed Coriscus est Coriscus musicus; ergo Coriscus est aliud a se. Hic etiam non distinguitur quod est per accidens ab eo quod est per se. Et similiter si dicatur: omne quod est et non fuit semper, est factum: sed musicus ens est grammaticus et non fuit semper: ergo sequitur quod musicus ens grammaticus sit factus, et grammaticus ens musicus. Quod quidem est falsum; quia nulla generatio terminatur ad hoc quod est grammaticum esse musicum; sed una ad hoc quod est grammaticum esse, alia ad hoc quod est musicum esse. Patet etiam, quod in hac ratione, prima est vera de eo quod est per se, sed in secunda assumitur quod est ens per accidens. Et similiter est in omnibus talibus rationibus, quae sunt secundum fallaciam accidentis. Videtur enim ens per accidens, esse propinquum non enti. Et ideo sophistica, quae est circa apparens et non existens, est praecipue circa ens per accidens.

9 Palam autem secundo probat idem per rationem, dicens, quod etiam ex his rationibus, quibus utuntur sophistae, palam est, quod ens per accidens est

propinquum non enti. Nam eorum, quae sunt entia alio modo quam per accidens, est generatio et corruptio: sed entis per accidens non est neque generatio neque corruptio. Musicum enim una generatione fit, et grammaticum alia. Non est autem una generatio grammatici musici, sicut animalis bipedis, vel sicut hominis risibilis. Unde patet, quod ens per accidens non vere dicitur ens.

10 Deinde cum dicit attamen dicendum determinat de ente per accidens secundum quod est possibilis de eo determinatio. Quamvis enim ea, quibus convenit esse per accidens, non cadant sub consideratione alicuius scientiae, tamen ratio huius quod est esse per accidens, per aliquam scientiam considerari potest. Sicut etiam licet id quod est infinitum, secundum quod est infinitum, sit ignotum, tamen de infinito secundum quod infinitum aliqua scientia tractat. Et circa hoc duo facit. Primo determinat ea, quae sunt consideranda circa ens per accidens. Secundo excludit quamdam opinionem, per quam removetur ens per accidens, ibi, quod autem sint principia et esse et cetera.

11 Circa primum duo facit. Primo dicit, quod est dicendum de ente per accidens inquantum contingit de ipso tractare, tria; scilicet quae est eius natura, et quae est eius causa; et ex his erit tertium manifestum, quare eius non potest esse scientia.

12 Deinde cum dicit quoniam igitur prosequitur tria praedicta. Et primo quae sit causa entis per accidens; dicens, quod quia in entibus quaedam sunt semper similiter se habentia ex necessitate (non quidem secundum quod necessitas ponitur pro violentia, sed prout necessitas dicitur secundum quam non contingit aliter se habere, ut hominem esse animal); quaedam vero non sunt ex necessitate, nec semper, sed sunt *secundum magis*, idest ut in pluribus. Et *hoc*, scilicet ens ut in pluribus, est causa et principium quod aliquid sit per accidens. In rebus enim quae sunt semper, non potest esse aliquid per accidens; quia solum quod est per se potest esse necessarium et sempiternum, ut etiam in quinto habitum est. Unde relinquitur, quod solum in contingentibus potest esse ens per accidens.

13 Contingens autem ad utrumlibet, non potest esse causa alicuius inquantum huiusmodi. Secundum enim quod est ad utrumlibet, habet dispositionem materiae, quae est in potentia ad duo opposita: nihil enim agit secundum quod est in potentia. Unde oportet quod causa, quae est ad utrumlibet, ut voluntas, ad hoc quod agat, inclinetur magis ad unam partem, per hoc quod movetur ab appetibili, et sic sit causa ut in pluribus. Contingens autem ut in paucioribus est ens per accidens cuius causa quaeritur. Unde relinquitur, quod causa entis per accidens sit contingens ut in pluribus, quia eius defectus est ut in paucioribus. Et hoc est ens per accidens.

14 Secundo ibi, quod enim ostendit naturam entis per accidens, dicens: ideo dico quod id quod est in pluribus est causa entis per accidens, quia quod non est semper neque secundum magis, hoc dicimus esse per accidens. Et hoc est defectus eius quod est in pluribus, ut si *fuerit hiems* idest tempus pluviosum et frigus *sub cane*, idest in diebus canicularibus, hoc dicimus esse per accidens. Non tamen si tunc *fuerit aestuatio*, idest siccitas et calor. Hoc enim est semper vel ut in pluribus, sed illud non. Et similiter dicimus hominem esse album per accidens, quia hoc non est semper nec in pluribus. Hominem vero per se dicimus esse animal, non per accidens, quia hoc est semper. Et similiter aedificator facit sanitatem per accidens, quia aedificator non est aptus natus facere sanitatem inquantum huiusmodi, sed solus medicus. Aedificator autem facit sanitatem inquantum accidit eum esse medicum; et similiter *opsopios*, idest cocus *coniectans*, idest intendens facere *voluptatem*, idest delectationem in cibo, faciendo aliquem cibum bene saporatum, facit aliquid salubre. Cibus enim bonus et delectabilis quandoque est utilis ad sanitatem. Sed hoc non est secundum *artem opsopoieticam*, idest pulmentariam, quod faciat salubre, sed quod faciat delectabile. Et propter hoc dicimus hoc accidere.

15 Et notandum quod in primo exemplo fuit ens per accidens secundum concursum in eodem tempore. In secundo per concursum in eodem subiecto, sicut

album cum homine. In tertio secundum concursum in eadem causa agente, sicut aedificator et medicus. In quarto secundum concursum in eodem effectu, sicut in pulmento salubre et delectabile. Quamvis autem cocus faciat pulmentum delectabile, tamen hoc fit per accidens salubre. Cocus quidem facit modo quodam salubre secundum quid; sed simpliciter non facit, quia ars operatur per intentionem. Unde quod est praeter intentionem artis, non fit ab arte per se loquendo. Et ideo ens per accidens, quod est praeter intentionem artis, non fit ab arte. Aliorum enim entium, quae sunt per se, sunt quandoque aliquae potentiae factivae determinatae; sed entium per accidens nulla ars neque potentia determinata est factiva. Eorum enim quae sunt aut fiunt secundum accidens, oportet esse causam secundum accidens, et non determinatam. Effectus enim et causa proportionantur adinvicem; et ideo effectus per accidens habet causam per accidens, sicut effectus per se causam per se.

16 Et quia supra dixerat quod ens ut in pluribus est causa entis per accidens, consequenter cum dicit quare quoniam ostendit qualiter ex eo quod est in pluribus, est ens per accidens; dicens, quod, quia non omnia ex necessitate et semper existunt et fiunt, *sed plurima sunt secundum magis*, idest ut in pluribus, ideo necesse est esse quod est secundum accidens, quod neque est semper neque secundum magis, ut hoc quod dico, albus est musicus. Quia tamen aliquando fit, licet

non semper nec ut in pluribus, sequitur quod fit per accidens. Si enim non fieret aliquando id quod est in paucioribus, tunc id quod est in pluribus nunquam deficeret, sed esset semper et ex necessitate, et ita omnia essent sempiterna et necessaria; quod est falsum. Et, quia defectus eius quod est ut in pluribus, est propter materiam, quae non subditur perfecte virtuti agenti ut in pluribus, ideo materia est causa accidentis aliter *quam ut in pluribus*, scilicet accidentis ut in paucioribus: causa inquam non necessaria, sed contingens.

17 Habito autem, quod non omnia sunt necessaria, sed aliquid est nec semper nec secundum magis, principium hoc oportet hic sumere, utrum nihil sit nec semper, nec secundum magis. Sed hoc patet esse impossibile; quia, cum id quod est ut in pluribus, sit causa entis per accidens, oportet esse et id quod est semper, et id quod est ut in pluribus. Igitur quod est praeter utrumque dictorum, est ens secundum accidens.

18 Sed utrum iterum id quod est ut in pluribus inest alicui, quod autem est semper nulli inest, aut etiam sunt aliqua sempiterna, considerandum est posterius in duodecimo; ubi ostendet quasdam substantias esse sempiternas. Sic igitur per primam quaestionem quaeritur, utrum omnia sint per accidens. Per

secundam vero, utrum omnia possibilia, et nihil sempiternum.

19 Deinde cum dicit quod autem ostendit tertium praemissorum; scilicet quod scientia non sit de ente per accidens. Quod quidem dicit esse palam ex hoc, quod omnis scientia est aut eius quod est semper, aut eius quod est in pluribus. Unde cum ens per accidens nec sit semper, nec sit in pluribus, de eo non poterit esse scientia. Primam sic probat. Non enim potest aliquis doceri ab alio, vel docere alium, de eo quod nec est semper, nec ut frequenter. Hoc enim de quo est doctrina oportet esse definitum aut per hoc quod est semper, aut per hoc quod est in pluribus. Sicut quod *melicratum*, idest mixtum ex aqua et melle, utile est febricitantibus, determinatum est ut in pluribus.

20 Sed quod *est praeter hoc*, idest praeter id quod est semper et magis, non potest dici quando fiat, sicut quod fiat in tempore novilunii. Quia quod determinatur fieri in tempore novilunii, vel est semper, vel ut in pluribus. Vel potest esse hoc quod dicitur de nova luna aliud exemplum, eius scilicet quod determinatur semper; et quod addit, *aut in pluribus fit*, addit, propter differentiam eius per accidens, quod nec sic nec sic est. Unde subdit *quod accidens sit praeter hoc*, scilicet praeter ens semper et ens ut magis. Et haec minor est rationis principalis superius positae. Ulterius autem epilogando dicit quod dictum est, quid

est ens per accidens, et quae est causa eius, et quod de eo non potest esse scientia.

Lectio 3

1 Postquam philosophus determinavit de ente per accidens, hic excludit quamdam opinionem, per quam tollitur totum ens per accidens. Quidam enim posuerunt, quod quicquid fit in mundo habet aliquam causam per se; et iterum quod qualibet causa posita, necesse est sequi effectum eius. Unde sequebatur quod per quamdam connexionem causarum omnia ex necessitate acciderent, et nihil esset per accidens in rebus. Et ideo hanc opinionem philosophus intendit destruere: et circa hoc tria facit. Primo enim destruit praedictam opinionem. Secundo infert quamdam conclusionem ex praedictis, ibi, palam ergo quia usque ad aliquod et cetera. Tertio movet quamdam quaestionem quae ex praedictis occasionatur, ibi, sed ad principium quale. Dicit ergo primo, quod palam erit ex sequentibus quod principia et causae generationis et corruptionis aliquorum *sunt generabilia et corruptibilia*, idest contingit generari et corrumpi sine generatione et corruptione, idest sine hoc quod sequatur generatio et corruptio. Non enim oportet, quod si generatio alicuius rei vel corruptio est causa generationis aut corruptionis rei alterius, quod posita generatione vel corruptione causae, de necessitate

sequatur generatio vel corruptio effectus: quia quaedam causae sunt agentes ut in pluribus: unde eis positis, adhuc potest impediri effectus per accidens, sicut propter indispositionem materiae, vel propter occursum contrarii agentis, vel propter aliquid huiusmodi.

2 Sciendum tamen, quod Avicenna probat in sua metaphysica, quod nullus effectus sit possibilis in comparatione ad suam causam, sed solum necessarius. Si enim posita causa, possibile est effectum non poni, et poni, id autem quod est in potentia inquantum huiusmodi reducitur in actum per aliquod ens actu, oportebit ergo quod aliquid aliud a causa faciat ibi sequi effectum in actu. Causa igitur illa non erat sufficiens. Et hoc videtur contra id, quod philosophus hic dicit.

3 Sed sciendum, quod dictum Avicennae intelligi debet, supposito quod nullum impedimentum causae adveniat. Necesse est enim causa posita sequi effectum, nisi sit impedimentum, quod quandoque contingit esse per accidens. Et ideo philosophus dicit, quod non est necessarium generationem sequi vel corruptionem, positis causis generationis vel corruptionis.

4 Si enim non est verum hoc quod dictum est, sequetur, quod omnia erunt ex necessitate, si tamen

cum hoc quod dictum est, quod posita causa necesse est sequi effectum, ponatur etiam alia positio, scilicet quod cuiuslibet quod fit et corrumpitur, necesse sit esse aliquam causam per se et non per accidens. Ex his enim duabus propositionibus, sequitur omnia esse de necessitate. Quod sic probat.

5 Si enim quaeratur de aliquo, utrum sit futurum vel non, sequitur ex praedictis, quod alterum sit de necessitate verum: quia si omne quod fit habet causam per se suae factionis, qua posita necesse est ipsum fieri, sequetur quod res illa, de qua quaeritur utrum sit futura, fiat, si sit hoc quod ponitur causa eius; et si illud non fuerit, quod non fiat. Et similiter oportet dicere, quod ista causa erit futura, si aliquod aliud quod est causa eius, erit futurum.

6 Constat autem, quod tempus quantumcumque futurum accipiatur, sive post centum annos, sive post mille, est finitum, incipiendo a praesenti nunc usque ad illum terminum. Cum autem generatio causae praecedat tempore generationem effectus, oportet quod procedendo ab effectu ad causam auferamus aliquid de tempore futuro, et appropinquemus magis ad praesens. Omne autem finitum consumitur aliquoties ablato quodam ab ipso. Et ita sequitur quod procedendo ab effectu ad causam, et iterum ab illa causa ad eius causam, et sic deinceps, auferatur totum

tempus futurum cum sit finitum, et ita perveniatur ad ipsum nunc.

7 Quod quidem patet in hoc exemplo. Si enim omnis effectus habet aliquam causam per se, ad quam de necessitate sequitur, oportet quod iste de necessitate moriatur, vel per infirmitatem, vel per violentiam, si exit domum suam. Exitus enim a domo eius invenitur causa esse mortis eius, vel violentiae; puta si exiens domum invenitur a latronibus et occiditur; vel per infirmitatem; puta si exiens de domo ex aestu incurrit febrem et moritur. Et eodem modo hoc erit ex necessitate, scilicet quod exeat domum ad hauriendum aquam si sitit. Nam sitis invenitur esse causa ut exeat domum ad hauriendum aquam. Similiter per eamdem rationem hoc erit de necessitate, scilicet quod sitiat, si aliquid aliud erit quod est causa sitis: et ita sic procedens de effectu ad causam perveniet ad aliquod *quod nunc est*, idest in aliquod praesens, vel in *aliquod factorum*, idest in aliquod praeteritorum. Sicut si dicamus quod sitis erit si comedit mordicantia vel salsa, quae faciunt sitim: hoc autem, scilicet quod comedat salsa vel non comedat, est in praesenti. Et ita sequitur quod *praedictum futurum*, scilicet quod iste moriatur vel non moriatur, ex necessitate erit.

8 Cum enim quaelibet conditionalis vera sit necessaria, oportet quod ex quo antecedens est positum, quod

consequens ex necessitate ponatur. Sicut haec est vera, si Socrates currit, movetur. Posito ergo quod currat, necesse erit ipsum moveri, dum currit. Si autem quilibet effectus habet causam per se, ex qua de necessitate sequitur, oportet quod sit illa conditionalis vera, cuius antecedens est causa et consequens effectus. Et licet inter causam, quae nunc est praesens, et effectum qui erit futurus, quandoque sint plurima media, quorum unumquodque est effectus respectu praecedentium, et causa respectu sequentium; tamen sequitur de primo ad ultimum, quod conditionalis sit vera cuius antecedens est praesens et eius consequens quandoque futurum. Sicut hic, si comedit salsa, occidetur. Antecedens autem ponitur, ex quo praesens est; ergo de necessitate erit quod occidatur. Et ita omnia alia futura erunt necessaria, quorum causae proximae vel remotae, sunt praesentes.

9 Et similis ratio est si aliquis procedens ab effectibus ad causas, supersiliat *ad facta*, idest ad praeterita, hoc est dicere si reducat effectus futuros in aliquam causam praeteritam non praesentem; quia hoc quod praeteritum est iam est secundum aliquem modum. Hoc autem dico inquantum est factum vel praeteritum. Licet enim vita Caesaris non sit nunc ut in praesenti, est tamen in praeterito. Verum enim est Caesarem vixisse. Et ita nunc est ponere verum esse antecedens conditionalis, in cuius antecedente est causa praeterita, et in consequente est causa futura. Et

sic sequetur, cum omnes effectus futuros oporteat redigere in tales causas praesentes vel praeteritas, quod omnia futura ex necessitate eveniant. Sicut nos dicimus quod viventem fore moriturum est necessarium absolute, quia sequitur de necessitate ad aliquid quod iam factum est, scilicet duo contraria esse in eodem corpore per commixtionem. Haec enim conditionalis est vera: si aliquod corpus est compositum ex contrariis, corrumpetur.

10 Hoc autem est impossibile, quod omnia futura ex necessitate eveniant. Ergo illa duo sunt impossibilia, ex quibus hoc sequebatur; scilicet quod quilibet effectus habeat causam per se, et quod causa posita necesse sit effectum poni. Quia ex hoc ipso sequeretur quod iam dictum est, quod quorumlibet effectuum futurorum essent aliquae causae iam positae. Sicut corruptionis animalis, iam sunt aliquae causae positae. Sed quod iste homo moriatur per infirmitatem vel violentiam, nondum habet aliquam causam positam ex qua de necessitate sequatur.

11 Deinde cum dicit palam ergo infert quamdam conclusionem ex praedictis; dicens: ergo ex quo non quodlibet, quod fit, habet causam per se, palam, quod in futuris contingentibus, effectus futuri reductio ad causam per se, vadit usque ad aliquod principium; quod quidem principium non reducitur in aliquod principium adhuc per se, sed ipsum erit cuius causa

erit quodcumque evenit, idest causa casualis, et illius causae casualis non erit aliqua alia causa; sicut iam praedictum est, quod ens per accidens non habet causam neque generationem. Verbi gratia, quod iste occidatur a latronibus habet causam per se quia vulneratur; et hoc etiam habet causam per se, quia a latronibus invenitur; sed hoc non habet nisi causam per accidens. Hoc enim quod iste qui negotiatur, ad negotium vadens, inter latrones incidat, est per accidens, ut ex praedictis patet. Unde eius non oportet ponere aliquam causam. Ens enim per accidens, ut supra dictum est, non habet generationem, et ita eius generationis causam per se quaerere non oportet.

12 Deinde cum dicit sed ad principium movet quamdam quaestionem occasionatam ex dictis. Dixit enim supra immediate, quod causae entium per accidens reducuntur usque ad aliquod principium, cuius non est ponere aliam causam. Et ideo hic inquirit de hac reductione, vel anagoge, quod idem est, ad *quale principium et ad qualem causam debeat fieri*, idest ad quod genus causae vel principii: scilicet utrum ad aliquam causam primam, quae sit causa sicut materia; aut ad aliquam, quae sit causa sicut finis, cuius gratia aliquid fit; aut ad aliquam, quae sit causa sicut movens. Praetermittit autem de causa formali, quia quaestio hic habetur de causa generationis rerum, quae fiunt per accidens. In generatione autem, forma non habet causalitatem, nisi per modum finis. Finis enim et

forma in generatione incidunt in idem numero. Hanc autem quaestionem hic motam non solvit: sed supponit eius solutionem ab eo quod est determinatum in secundo physicorum. Ibi enim ostensum est quod fortuna et casus, quae sunt causae eorum quae fiunt per accidens, reducuntur ad genus causae efficientis. Ergo concludit ex praemissis, quod praetermittendum est loqui de ente per accidens, ex quo determinatum est sufficienter secundum id quod de eo determinari potest.

13 Attendendum est autem quod ea quae philosophus hic tradit, videntur removere quaedam, quae secundum philosophiam ab aliquibus ponuntur, scilicet fatum et providentiam. Vult enim hic philosophus, quod non omnia quae fiunt, reducantur in aliquam causam per se, ex qua de necessitate sequantur: alias sequeretur, quod omnia essent ex necessitate, et nihil per accidens esset in rebus. Illi autem, qui ponunt fatum, dicunt, contingentia, quae hic fiunt, quae videntur per accidens, esse reducibilia in aliquam virtutem corporis caelestis, per cuius actionem ea quae secundum se considerata per accidens fieri videntur, cum quodam ordine producantur. Et similiter illi, qui ponunt providentiam, ea quae aguntur hic, dicunt esse ordinata secundum ordinem providentiae.

14 Ex utraque igitur positione duo videntur sequi, quae sunt contraria his, quae hic philosophus determinat: quorum primum est: in rebus nihil fit per accidens neque a fortuna neque a casu. Quae enim secundum aliquem ordinem procedunt, non sunt per accidens. Sunt enim vel semper vel in maiori parte. Secundum autem est, quod omnia ex necessitate eveniant. Si enim omnia ex necessitate eveniunt quorum causa vel ponitur in praesenti, vel iam est posita in praeterito, ut ratio philosophi procedit, eorum autem quae sunt sub providentia vel fato causa ponitur in praesenti, et iam posita est in praeterito, eo quod providentia est immutabilis et aeterna, motus etiam caeli est invariabilis: videtur sequi quod ea quae sunt sub providentia vel fato, ex necessitate contingant. Et ita, si omnia quae hic aguntur, fato et providentia subduntur, sequitur quod omnia ex necessitate proveniant. Videtur ergo quod secundum intentionem philosophi non sit ponere neque providentiam neque fatum.

15 Ad horum autem evidentiam considerandum est, quod quanto aliqua causa est altior, tanto eius causalitas ad plura se extendit. Habet enim causa altior proprium causatum altius quod est communius et in pluribus inventum. Sicut in artificialibus patet quod ars politica, quae est supra militarem, ad totum statum communitatis se extendit. Militaris autem solum ad eos, qui in ordine militari continentur. Ordinatio,

autem quae est in effectibus ex aliqua causa tantum se extendit quantum extendit se illius causae causalitas. Omnis enim causa per se habet determinatos effectus, quos secundum aliquem ordinem producit. Manifestum igitur est, quod effectus relati ad aliquam inferiorem causam nullum ordinem habere videntur, sed per accidens sibiipsis coincidunt; qui si referantur ad superiorem causam communem, ordinati inveniuntur, et non per accidens coniuncti, sed ab una per se causa simul producti sunt.

16 Sicut floritio huius herbae vel illius, si referatur ad particularem virtutem, quae est in hac planta vel in illa, nullum ordinem habere videtur,- immo videtur esse accidens -, quod hac herba florente illa floreat. Et hoc ideo, quia causa virtutis huius plantae extendit se ad floritionem huius, et non ad floritionem alterius: unde est quidem causa, quod haec planta floreat, non autem quod simul cum altera. Si autem ad virtutem corporis caelestis, quae est causa communis, referatur, invenitur hoc non esse per accidens, quod hac herba florente illa floreat, sed esse ordinatum ab aliqua prima causa hoc ordinante, quae simul movet utramque herbam ad floritionem.

17 Invenitur autem in rebus triplex causarum gradus. Est enim primo causa incorruptibilis et immutabilis, scilicet divina; sub hac secundo est causa incorruptibilis, sed mutabilis; scilicet corpus caeleste;

sub hac tertio sunt causae corruptibiles et mutabiles. Hae igitur causae in tertio gradu existentes sunt particulares, et ad proprios effectus secundum singulas species determinatae: ignis enim generat ignem, et homo generat hominem, et planta plantam.

18 Causa autem secundi gradus est quodammodo universalis, et quodammodo particularis. Particularis quidem, quia se extendit ad aliquod genus entium determinatum, scilicet ad ea quae per motum in esse producuntur; est enim causa movens et mota. Universalis autem, quia non ad unam tantum speciem mobilium se extendit causalitas eius, sed ad omnia, quae alterantur et generantur et corrumpuntur: illud enim quod est primo motum, oportet esse causam omnium consequenter mobilium.

19 Sed causa primi gradus est simpliciter universalis: eius enim effectus proprius est esse: unde quicquid est, et quocumque modo est, sub causalitate et ordinatione illius causae proprie continetur.

20 Si igitur ea quae hic sunt contingentia, reducamus in causas proximas particulares tantum, inveniuntur multa fieri per accidens, tum propter concursum duarum causarum, quarum una sub altera non continetur, sicut cum praeter intentionem occurrunt mihi latrones. (Hic enim concursus causatur ex duplici virtute motiva, scilicet mea et latronum). Tum etiam

propter defectum agentis, cui accidit debilitas, ut non possit pervenire ad finem intentum; sicut cum aliquis cadit in via propter lassitudinem. Tum etiam propter indispositionem materiae, quae non recipit formam intentam ab agente, sed alterius modi sicut accidit in monstruosis partibus animalium.

21 Haec autem contingentia, si ulterius in causam caelestem reducantur, multa horum invenientur non esse per accidens; quia causae particulares etsi non continentur sub se invicem, continentur tamen sub una causa communi caelesti; unde concursus earum potest habere aliquam unam causam caelestem determinatam. Quia etiam virtus corporis caelestis et incorruptibilis est et impassibilis, non potest exire aliquis effectus ordinem causalitatis eius propter defectum vel debilitatem ipsius virtutis. Sed quia agit movendo, et omne tale agens requirit materiam determinatam et dispositam, potest contingere quod in rebus naturalibus virtus caelestis non consequatur suum effectum propter materiae indispositionem; et hoc erit per accidens.

22 Quamvis igitur multa, quae videntur esse per accidens reducendo ipsa ad causas particulares, inveniantur non esse per accidens reducendo ipsa ad causam communem universalem, scilicet virtutem caelestem, tamen etiam hac reductione facta, inveniuntur esse aliqua per accidens, sicut superius est

habitum a philosopho. Quando enim agens aliquod inducit effectum suum ut in pluribus, et non semper, sequetur, quod deficiat in paucioribus, et hoc per accidens est. Si igitur corpora caelestia effectos suos inducunt in inferiora corpora, ut in pluribus, et non semper, propter materiae indispositionem, sequetur, quod ipsum sit per accidens, quod virtus caelestis effectum suum non consequatur.

23 Licet etiam ex hoc inveniantur aliqua per accidens, facta reductione ad corpus caeleste: quia in istis inferioribus sunt aliquae causae agentes, quae possunt per se agere absque impressione corporis caelestis, scilicet animae rationales, ad quas non pertingit virtus corporis caelestis (cum sint formae corporibus non subiectae), nisi forte per accidens, inquantum scilicet ex impressione corporis caelestis fit aliqua immutatio in corpore, et per accidens in viribus animae, quae sunt actus quarumdam partium corporis, ex quibus anima rationalis inclinatur ad agendum, licet nulla necessitas inducatur, cum habeat liberum dominium super passiones, ut eis dissentiat. Illa igitur, quae in his inferioribus inveniuntur per accidens fieri reducendo ad has causas, scilicet animas rationales, prout non sequuntur inclinationem, quae est ex impressione caelesti, non invenientur per se fieri per reductionem ad virtutem corporis caelestis.

24 Et sic patet, quod positio fati, quae est quaedam dispositio inhaerens rebus inferioribus ex actione corporis caelestis, non removet omnia ea quae sunt per accidens.

25 Sed si ulterius ista contingentia reducantur in causam altissimam divinam, nihil inveniri poterit, quod ab ordine eius exeat, cum eius causalitas extendat se ad omnia inquantum sunt entia. Non potest igitur sua causalitas impediri per indispositionem materiae; quia et ipsa materia, et eius dispositiones non exeunt ab ordine illius agentis, quod est agens per modum dantis esse, et non solum per modum moventis et alterantis. Non enim potest dici, quod materia praesupponatur ad esse, sicut praesupponitur ad moveri, ut eius subiectum; quinimo est pars essentiae rei. Sicut igitur virtus alterantis et moventis non impeditur ex essentia motus, aut ex termino eius, sed ex subiecto, quod praesupponitur; ita virtus dantis esse non impeditur a materia, vel a quocumque, quod adveniat qualitercumque ad esse rei. Ex quo etiam patet, quod nulla causa agens potest esse in istis inferioribus, quae eius ordini non subdatur.

26 Relinquitur igitur quod omnia, quae hic fiunt, prout ad primam causam divinam referuntur, inveniuntur ordinata et non per accidens existere; licet per comparationem ad alias causas per accidens esse

inveniantur. Et propter hoc secundum fidem Catholicam dicitur, quod nihil fit temere sive fortuito in mundo, et quod omnia subduntur divinae providentiae. Aristoteles autem hic loquitur de contingentibus quae hic fiunt, in ordine ad causas particulares, sicut per eius exemplum apparet.

27 Nunc autem restat videre quomodo positio fati et providentiae non tollit a rebus contingentiam, quasi omnia ex necessitate eveniant. Et de fato quidem manifestum est per ea quae dicta sunt. Iam enim est ostensum, quod licet corpora caelestia et eorum motus et actiones quantum in ipsis est necessitatem habeant, tamen effectus eorum in istis inferioribus potest deficere, vel propter indispositionem materiae, vel propter animam rationalem quae habet liberam electionem sequendi inclinationes, quae sunt ex impressione caelesti, vel non sequendi: et ita relinquitur, quod huiusmodi effectus non ex necessitate, sed contingenter proveniant. Non enim positio causae caelestis est positio causae talis, ad quam de necessitate sequatur effectus, sicut ad compositionem ex contrariis sequitur mors animalis, ut in litera tangitur.

28 Sed de providentia maiorem habet difficultatem. Providentia enim divina falli non potest. Haec enim duo sunt incompossibilia, quod aliquid sit provisum a

Deo, et non fiat: et ita videtur, quod ex quo providentia iam ponitur, quod eius effectum necesse sit sequi.

29 Sed sciendum est, quod ex eadem causa dependet effectus, et omnia quae sunt per se accidentia illius effectus. Sicut enim homo est a natura, ita et omnia eius per se accidentia, ut risibile, et mentis disciplinae susceptibile. Si autem aliqua causa non faciat hominem simpliciter sed hominem talem, eius non erit constituere ea quae sunt per se accidentia hominis, sed solum uti eis. Politicus enim facit hominem civilem; non tamen facit eum mentis disciplinae susceptibilem, sed hac eius proprietate utitur ad hoc quod homo fiat civilis.

30 Sicut autem dictum est, ens inquantum ens est, habet causam ipsum Deum: unde sicut divinae providentiae subditur ipsum ens, ita etiam omnia accidentia entis inquantum est ens, inter quae sunt necessarium et contingens. Ad divinam igitur providentiam pertinet non solum quod faciat hoc ens, sed quod det ei contingentiam vel necessitatem. Secundum enim quod unicuique dare voluit contingentiam vel necessitatem, praeparavit ei causas medias, ex quibus de necessitate sequatur, vel contingenter. Invenitur igitur uniuscuiusque effectus secundum quod est sub ordine divinae providentiae necessitatem habere. Ex quo contingit quod haec

conditionalis est vera, si aliquid est a Deo provisum, hoc erit.

31 Secundum autem quod effectus aliquis consideratur sub ordine causae proximae, sic non omnis effectus est necessarius; sed quidam necessarius et quidam contingens secundum analogiam suae causae. Effectus enim in suis naturis similantur causis proximis, non autem remotis, ad quarum conditionem pertingere non possunt.

32 Sic ergo patet, quod cum de divina providentia loquimur, non est dicendum solum, hoc est provisum a Deo ut sit, sed hoc est provisum a Deo, ut contingenter sit, vel ut necessario sit. Unde non sequitur secundum rationem Aristotelis hic inductam, quod ex quo divina providentia est posita, quod omnes effectus sint necessarii; sed necessarium est effectus esse contingenter, vel de necessitate. Quod quidem est singulare in hac causa, scilicet in divina providentia. Reliquae enim causae non constituunt legem necessitatis vel contingentiae, sed constituta a superiori causa utuntur. Unde causalitati cuiuslibet alterius causae subditur solum quod eius effectus sit. Quod autem sit necessario vel contingenter, dependet ex causa altiori, quae est causa entis inquantum est ens; a qua ordo necessitatis et contingentiae in rebus provenit.

Lectio 4

1 Postquam determinavit philosophus de ente per accidens, hic determinat de ente, quod significat veritatem propositionis: et circa hoc duo facit. Primo determinat qualiter dicatur huiusmodi ens. Secundo removet ipsum a principali consideratione huius scientiae, ibi, quoniam autem complexio et cetera. Circa primum tria facit. Primo ostendit qualiter huiusmodi ens dicatur. Secundo respondet cuidam quaestioni, ibi, quomodo autem quod simul et cetera. Tertio manifestat quoddam quod dixerat, ibi, non est autem verum et falsum in rebus et cetera. Dicit ergo *quod ens quoddam dicitur quasi verum*, idest quod nihil aliud significat nisi veritatem. Cum enim interrogamus si homo est animal, respondetur quod est; per quod significatur, propositionem praemissam esse veram. Et eodem modo non ens significat quasi falsum. Cum enim respondetur, non est, significatur quod proposita oratio sit falsa. Hoc autem ens, quod dicitur quasi verum, et non ens, quod dicitur quasi falsum, consistit circa compositionem et divisionem. Voces enim incomplexae neque verum neque falsum significant; sed voces complexae, per affirmationem aut negationem veritatem aut falsitatem habent. Dicitur autem hic affirmatio compositio, quia significat praedicatum inesse subiecto. Negatio vero dicitur hic divisio, quia significat praedicatum a subiecto removeri.

2 Et cum voces sint signa intellectuum, similiter dicendum est de conceptionibus intellectus. Quae enim sunt simplices, non habent veritatem neque falsitatem, sed solum illae quae sunt complexae per affirmationem vel negationem.

3 Et quia praedictum ens et non ens, scilicet verum et falsum, consistit in compositione et divisione, ideo similiter consistit circa partitionem contradictionis. Unaquaeque enim contradictionum partiuntur sibi invicem verum et falsum; ita quod altera pars est vera, et altera pars est falsa. Cum enim contradictio ex affirmatione et negatione constituatur, utraque autem harum ex praedicato sit et subiecto, praedicatum et subiectum dupliciter se possunt habere. Aut enim sunt coniuncta in rerum natura, sicut homo et animal; aut sunt disiuncta, ut homo et asinus.

4 Si ergo formantur duae contradictiones: una ex terminis coniunctis, ut, homo est animal, homo non est animal; alia ex terminis disiunctis, ut, homo est asinus, homo non est asinus, utramque contradictionem inter se condividunt verum et falsum; ita quod verum pro parte sua *habet affirmationem in composito*, idest in terminis coniunctis, et *negationem in disiuncto*, idest in terminis disiunctis. Hae enim duae sunt verae, homo est animal et homo non est asinus. Sed falsum pro sua parte habet *contradictionem partitionis*, idest contradictoria eorum,

quae cedunt in partem veri. Habet enim falsum pro sua parte negationem in coniuncto, et affirmationem in disiuncto. Hae enim duae sunt falsae, homo non est animal, et homo est asinus.

5 Deinde cum dicit quomodo autem removet quamdam dubitationem, quae posset occasionari ex dictis. Dixerat enim quod verum et falsum consistunt in compositione et divisione, vocum quidem secundario, intellectus autem primo et principaliter: omnis autem compositio vel divisio plurium est: et ideo potest esse dubium, quomodo ista quae componuntur et dividuntur, intellectus intelligat: utrum scilicet simul, aut separatim. Sed dicit, quod hoc pertinet ad alium sermonem, scilicet ad librum de anima.

6 Et quia simul dupliciter dicitur, quandoque enim significat unitatem, sicut dicimus simul esse secundum tempus quae sunt in uno et eodem instanti: quandoque vero significat coniunctionem et vicinitatem eorum quae consequenter se habent, sicut dicimus duos homines esse simul secundum locum, quorum loca sunt coniuncta et consequenter se habentia, et secundum tempus, quae se tempore consequuntur: ideo exponit quaestionem motam, qua quaesivit utrum simul aut separatim intelligat intellectus ea quae componuntur et dividuntur: dicens, quod non intelligit simul secundum quod aliqua dicuntur esse simul, ut consequenter se habent;

sed secundum quod aliqua dicuntur esse simul in eo quod fit aliquid unum.

7 Et in hoc innuitur solutio quaestionis. Si enim intellectus intelligat hominem et animal unumquodque secundum se, ut sunt duo quaedam, intelligit ea consequenter duabus conceptionibus simplicibus, non formans ex eis affirmationem neque negationem. Cum autem ex eis format compositionem vel divisionem, intelligit ambo ut unum, inquantum scilicet ex eis aliquod unum fit: sicut etiam partes cuiuslibet totius intelligit intellectus ut unum, intelligendo ipsum totum. Non enim intelligit domum intelligendo prius fundamentum et postea parietem et postea tectum; sed omnia ista intelligit simul, inquantum ex eis fit unum. Similiter intelligit praedicatum et subiectum simul, inquantum ex eis fit unum, scilicet affirmatio et negatio.

8 Deinde cum dicit non est autem. Manifestat quoddam quod dixerat scilicet quod verum et falsum sint in compositione et divisione. Quod quidem probat per modum cuiusdam divisionis. Eorum enim, quae dicuntur voce, quaedam sunt in rebus extra animam, quaedam autem sunt in anima tantum. Album enim et nigrum sunt extra animam; sed rationes horum sunt in anima tantum. Posset autem aliquis credere, quod verum et falsum sint etiam in rebus sicut bonum et malum; ita quod verum sit quoddam bonum, et falsum

sit quoddam malum: hoc enim oporteret si verum et falsum essent in rebus. Verum enim quamdam perfectionem naturae significat, falsum vero defectum. Omnis autem perfectio in rebus existens, ad perfectionem et bonitatem naturae pertinet, defectus vero et privatio ad malitiam.

9 Sed ipse hoc negat; dicens, quod verum et falsum non sunt in rebus, ita quod verum rationis sit quoddam bonum naturae, et falsum sit quoddam malum; sed *sunt tantum in mente*, idest in intellectu.

10 Intellectus autem habet duas operationes, quarum una vocatur indivisibilium intelligentia, per quam intellectus format simplices conceptiones rerum intelligendo quod quid est uniuscuiusque rei. Alia eius operatio est per quam componit et dividit.

11 Verum autem et falsum, etsi sint in mente, non tamen sunt circa illam operationem mentis, qua intellectus format simplices conceptiones, et quod quid est rerum. Et hoc est quod dicit, quod *verum et falsum, circa simplicia et quod quid est, nec in mente est.* Unde relinquitur per locum a divisione, quod ex quo non est in rebus, nec est in mente circa simplicia et quod quid est, quod sit circa compositionem et divisionem mentis primo et principaliter; et secundario vocis, quae significat conceptionem mentis. Et ulterius concludit, quod *quaecumque oportet*

speculari circa ens et non ens sic dictum, scilicet prout ens significat verum, et non ens falsum, *posterius perscrutandum est*, scilicet in fine noni et etiam in libro de anima, et in logicalibus. Tota enim logica videtur esse de ente et non ente sic dicto.

12 Sciendum est autem, quod cum quaelibet cognitio perficiatur per hoc quod similitudo rei cognitae est in cognoscente; sicut perfectio rei cognitae consistit in hoc quod habet talem formam per quam est res talis, ita perfectio cognitionis consistit in hoc, quod habet similitudinem formae praedictae. Ex hoc autem, quod res cognita habet formam sibi debitam, dicitur esse bona; et ex hoc, quod aliquem defectum habet, dicitur esse mala. Et eodem modo ex hoc quod cognoscens habet similitudinem rei cognitae, dicitur habere veram cognitionem: ex hoc vero, quod deficit a tali similitudine, dicitur falsam cognitionem habere. Sicut ergo bonum et malum designant perfectiones, quae sunt in rebus: ita verum et falsum designant perfectiones cognitionum.

13 Licet autem in cognitione sensitiva possit esse similitudo rei cognitae, non tamen rationem huius similitudinis cognoscere ad sensum pertinet, sed solum ad intellectum. Et ideo, licet sensus de sensibili possit esse verus, tamen sensus veritatem non cognoscit, sed solum intellectus: et propter hoc dicitur quod verum et falsum sunt in mente.

14 Intellectus autem habet apud se similitudinem rei intellectae, secundum quod rationes incomplexorum concipit; non tamen propter hoc ipsam similitudinem diiudicat, sed solum cum componit vel dividit. Cum enim intellectus concipit hoc quod est animal rationale mortale, apud se similitudinem hominis habet; sed non propter hoc cognoscit se hanc similitudinem habere, quia non iudicat hominem esse animal rationale et mortale: et ideo in hac sola secunda operatione intellectus est veritas et falsitas, secundum quam non solum intellectus habet similitudinem rei intellectae, sed etiam super ipsam similitudinem reflectitur, cognoscendo et diiudicando ipsam. Ex his igitur patet, quod veritas non est in rebus, sed solum in mente, et etiam in compositione et divisione.

15 Et si res dicatur aliquando falsa, vel etiam definitio, hoc erit in ordine ad affirmationem et ad negationem. Dicitur enim res falsa, ut in fine quinti habitum est, aut quae non est omnino, sicut diametrum commensurabilem; aut quia est quidem, sed est apta nata videri aliter quam sit. Et similiter definitio dicitur falsa aut quia nullius, vel quia assignatur alteri quam ei cuius est. In omnibus enim his modis patet quod falsum in rebus vel in definitionibus dicitur, ratione falsae enunciationis de ipsis.

16 Et similiter patet de vero. Nam res dicitur vera, quando habet propriam formam, quae ei ostenditur

inesse. Et definitio vera, quae vere competit ei cui assignatur.

17 Patet etiam quod nihil prohibet verum esse quoddam bonum, secundum quod intellectus cognoscens accipitur ut quaedam res. Sicut enim quaelibet alia res dicitur bona sua perfectione, ita intellectus cognoscens, sua veritate.

18 Apparet etiam ex his quae hic dicuntur, quod verum et falsum, quae sunt obiecta cognitionis, sunt in mente. Bonum vero et malum, quae sunt obiecta appetitus, sunt in rebus. Item quod, sicut cognitio perficitur per hoc quod res cognitae sunt in cognoscente, ita appetitus quicumque perficitur per ordinem appetentis ad res appetibiles.

19 Deinde cum dicit quoniam autem excludit ens verum et ens per accidens a principali consideratione huius doctrinae; dicens, quod compositio et divisio, in quibus est verum et falsum, est in mente, et non in rebus. Invenitur siquidem et in rebus aliqua compositio; sed talis compositio efficit unam rem, quam intellectus recipit ut unum simplici conceptione. Sed illa compositio vel divisio, qua intellectus coniungit vel dividit sua concepta, est tantum in intellectu, non in rebus. Consistit enim in quadam duorum comparatione conceptorum; sive illa duo sint idem secundum rem, sive diversa. Utitur enim

intellectus quandoque uno ut duobus compositionem formans; sicut dicitur, homo est homo: ex quo patet quod talis compositio est solum in intellectu, non in rebus. Et ideo illud, quod est ita ens sicut verum in tali compositione consistens, est alterum ab his quae proprie sunt entia, quae sunt res extra animam, quarum unaquaeque est *aut quod quid est*, idest substantia, aut quale, aut quantum, aut aliquod incomplexum, quod mens copulat vel dividit.

20 Et ideo utrumque est praetermittendum; scilicet et ens per accidens, et ens quod significat verum; quia huius, scilicet entis per accidens, causa est indeterminata, et ideo non cadit sub arte, ut ostensum est. Illius vero, scilicet entis veri, causa est *aliqua passio mentis*, idest operatio intellectus componentis et dividentis. Et ideo pertinet ad scientiam de intellectu.

21 Et alia ratio est, quia *utrumque*, scilicet ens verum et ens per accidens, sunt circa aliquod genus entis, non circa ens simpliciter per se quod est in rebus; et non ostendunt aliquam aliam naturam entis existentem extra per se entia. Patet enim quod ens per accidens est ex concursu accidentaliter entium extra animam, quorum unumquodque est per se. Sicut grammaticum musicum licet sit per accidens, tamen et grammaticum et musicum est per se ens, quia utrumque per se acceptum, habet causam determinatam. Et similiter

intellectus compositionem et divisionem facit circa res, quae sub praedicamentis continentur.

22 Unde si determinetur sufficienter illud genus entis quod continetur sub praedicamento, manifestum erit et de ente per accidens, et de ente vero. Et propter hoc huiusmodi entia praetermittuntur. Sed perscrutandae sunt causae et principia ipsius entis per se dicti, inquantum est ens. De quo palam est ex his quae determinavimus in quinto libro; ubi dictum est, quoties unumquodque talium nominum dicitur, quod ens dicitur multipliciter, sicut infra in principio septimi sequetur.